总主编◎楼宇烈

中|华|优|秀|传|统|文|化|经|典|丛|书

山海经

李彦龙　译注

图书在版编目（CIP）数据

山海经 / 李彦龙译注. -- 北京 : 华龄出版社，
2022.10
（中华优秀传统文化经典丛书 / 楼宇烈主编）
ISBN 978-7-5169-2348-1

Ⅰ. ①山… Ⅱ. ①李… Ⅲ. ①历史地理－中国－古代
②《山海经》－译文③《山海经》－注释 Ⅳ.
①K928.626

中国版本图书馆CIP数据核字(2022)第150430号

策　　划 善品堂®藏書　　责任印制 李未圻
责任编辑 李　健　陈　馨　　装帧设计 王德华

书　　名 山海经　　译　注 李彦龙
出　　版
发　　行 华龄出版社 HUALING PRESS
地　　址 北京市东城区安定门外大街甲57号　　邮　编 100011
发　　行（010）58122255　　传　真（010）84049572

版　　次 2022年10月第1版　　印　次 2023年6月第2次印刷
规　　格 889mm×1194mm　　开　本 1/32
印　　张 15.5　　字　数 279千字
书　　号 ISBN 978-7-5169-2348-1
定　　价 86.00元

出版缘起

文化是一个国家、一个民族的灵魂。泱泱华夏，五千年文明历史所孕育的中华优秀传统文化，是中华民族生生不息、发展壮大的丰厚土壤。

党的十八大以来，以习近平同志为核心的党中央高度重视中华优秀传统文化的传承与发展。2013 年 11 月 26 日，习近平总书记在山东曲阜孔府和孔子研究院考察时强调："要大力弘扬中国传统文化。"2022 年 6 月 8 日，习近平总书记在四川眉山三苏祠考察时指出："要善于从中华优秀传统文化中汲取治国理政的理念和思维。"2017 年 1 月，中共中央办公厅、国务院办公厅印发《关于实施中华优秀传统文化传承发展工程的意见》，系统部署传承发展中华优秀传统文化的战略任务，把传承中华优秀传统文化提升到新的历史高度。2022 年 4 月，中共中央办公厅、国务院办公厅印发《关于推进新时代古籍工作的意见》，明确指出，要完善古籍工作体系、提升古籍工作质量，“挖掘古籍时代价值”，“促进古籍有效利用”，“做好古籍普及传播”。

中华传统文化是中华民族的“根”与“魂”。文化兴则国家兴，文化强则民族强。没有高度的文化自信，没有文化的繁荣兴盛，就没有中华民族的伟大复兴。党的十九届六中全会强调，要“推动中华优秀传统文化创造性转化、创新性发展”。为适应全民阅读、共读经典的时代需求，我们组织出版《中华优秀传统文化经典丛书》，以展示古籍研究领域的成果，推广、普及中华优秀传统文化经典，传承、弘扬中华优秀传统文化，提振当代中国人的文化自信。

激活经典，熔古铸今。丛书精选中华优秀传统文化经典，既选取广为人知的历史沉淀下来的传世经典，也增选极具价值但多部大型丛书未曾选入的珍稀出土文献（如诸多竹简、帛书典籍），充分展示中华传统文化的历史脉络与宏富多元。丛书由众多学识渊博的专家学者担任编委，遴选各领域杰出研究者与传承人担任解读（或译注）作者，切实保证作品品质。

丛书定位为中华优秀传统文化经典普及读物，力求能让广大读者亲近经典、阅读经典，充分领略和感受中华优秀传统文化的魅力，并从中获益。为此，解读者（或译注者）以当代价值需求为切入点解读古代典籍，全方位解决古文存在的难读难解、难以亲近的问题，让中华优秀传统文化贴近现实生活，走进人们的心中，最大限度地发挥以文化人的作用。

“问渠那得清如许？为有源头活水来。”博大精深的中华文化源远流长，五千年文脉绵延不绝，中华优秀传统文化是中华儿女奋发图强、继往开来、实现民族伟大复兴的强大精神来源。“洒扫应对，莫非学问。”读者诸君若能常读经典、读好经典，真正把传统文化的精义、真髓切实融入生活和工作，那各位的知与行也一定能让生活充满希望，让工作点亮未来，让国家昌盛，让世界更美好！

丛书编委会

2022 年 6 月 9 日

前　言

“精卫衔微木，将以填沧海。刑天舞干戚，猛志固常在。”这是伟大的诗人陶渊明读了《山海经》这本书后，引发的赞美与感叹。鲁迅先生在《中国小说史略》中说《山海经》是“古之巫书”，又在《汉文学纲要》中说“盖以记神事”，足以证明《山海经》是一部极具神话研究价值的古书。

《山海经》成书于战国时期至汉代初期，流传过程中，经后人增删修改而成。书中除了保存有大量的神话资料外，还涉及宗教、历史、民族、天文、上古地理、动物、植物、医药等诸多领域，内容可谓包罗万象，堪称一部备载丰赡的上古社会生活的百科全书。

这部集上古时代诸多学科于一体的旷世奇书，文字简洁、内容丰富、整体有序、结构严谨。全书共十八卷，分《山经》五卷，《海经》十三卷（《海外经》四卷，《海内经》五卷，《大荒经》四卷）。《山海经》可以视为最古老的地理著作，其中记载了一百多个邦国，五百五十座山峦，三百条水道，以及邦国的地理、风土人情等内容。这对研究中国古代的地理和民俗风情等方面有十分重要的参考价值。

《山海经》最重要的价值在于，它保存了大量的神话传说，如精卫填海、夸父逐日、女娲补天、后羿射日、黄帝战蚩尤、大禹治水等。其中禹杀相柳的传说，充满了神奇的色彩，既可从文学或神话学的角度来研究，也可以从中看出共工、相柳、禹三人间的关系，由此可见古代民族部落之间的斗争。《山海经》记录的大量神话，为研究原始宗教留下了难得的材料。《山海经》中还记载了一些古代巫师的祭祀活动，从中可以考察古代民族的信仰和崇拜等。书中关于一些神奇动物的记载，很可能是古人的图腾崇拜，这些无疑是研究中国古代宗教信仰的重要参考资料。

《山海经》中的神话传说与历史有着紧密的联

系，可以从中一窥远古时期的历史面貌，有些记载并非完全是无稽之谈、荒诞之言。

《山海经》还是一部科技史，它不仅记载了古代科学家的创造发明和科学实践活动，而且反映出当时已经达到相对较高的科学技术水平。如《海内经》的“后稷是播百谷”和“稷之孙曰叔均，是始作牛耕”，《大荒北经》的“叔均乃为田祖”。这些内容都从侧面反映了当时农业所达到的水平。

从对文学的影响来看，《山海经》对后世诸子百家的作品创作也影响深远。像《诗经》和《楚辞》，都有古神话的痕迹。另外，《老子》《庄子》《淮南子》等道家经典也吸取了不少古代神话，并将其进一步哲理化。到了后来的《左传》《史记》《尚书》等，将吸取的神话加以历史化，成了考究历史的重要文献。后来的著名诗人，如陶渊明在《读山海经》和李白在《蜀道难》《北风行》等著名诗篇中都提到源自《山海经》中的神话。元、明、清时期的神怪小说，如《封神演义》《聊斋志异》等，无不与《山海经》一脉相承。

总之，《山海经》这部以神话传说为主的文学作品，是集象征、想象、夸张等手法于一体，再运用富于情感的、有生命力的文字表达，才形成这么多神奇的篇章和对后世如此深远的影响，被后人誉为“中国文学的宝矿”。

编　者

目　录

赤鱬

卷一　南山经

南山经之首曰䧿山。其首曰招摇之山，临于西海之上，多桂，多金玉[1]。有草焉，其状如韭而青华，其名曰祝余，食之不饥。有木焉，其状如穀而黑理[2]，其华四照，其名曰迷穀，佩之不迷。有兽焉，其状如禺而白耳[3]，伏行人走，其名曰狌狌[4]，食之善走。丽麂之水出焉，而西流注于海，其中多育沛[5]，佩之无瘕疾[6]。

［注释］

1 金玉：这里指未经过提炼和磨制的天然金属矿石和玉石。以下同此。

2 穀：楮树，又名构树，落叶乔木，长得很高大，适应性强，而树皮是制造桑皮纸的原料。

3 禺：传说中的一种野兽。形似猕猴，红眼睛，长尾巴。

4 狌狌：传说是一种长着人脸的野兽，也有说它可能是现在的猩猩。而且它通晓往事，却不知未来。

5 育沛：琥珀。

6 瘕：中医学指腹内结块，此处指腹内生长寄生虫。

[译文]

南方首列山系叫作䧿山山系。䧿山山系的头一座山是招摇山，屹立在西海岸边，生长着许多桂树，又蕴藏着丰富的金属矿石和玉石。山中有一种草，形状像韭菜却开着青色的花朵，名称是祝余，人吃了它就不感到饥饿。山中又有一种树木，形状像构树却呈现黑色的纹理，并且光华照耀四方，名称是迷榖，人将它佩戴在身上就不会迷失方向。山中还有一种野兽，形状像猕猴，但长着一双白色的耳朵，既能匍匐爬行，又能像人一样直立行走，名称是狌狌，吃了它的肉可以使人跑得飞快。丽麐水从这座山发源，然后往西流入大海，水中多产琥珀，人佩戴它就不会得寄生虫病。

又东三百里，曰堂庭之山，多棪木[1]，多白猿，多水玉[2]，多黄金[3]。

［注释］

1 棪木：一种乔木，结出的果实像苹果，表面红了即可吃。

2 水玉：古时也叫作水精，即现在所说的水晶石。

3 黄金：这里指黄色的砂金。

［译文］

再向东三百里有座堂庭山，山上生长着茂密的棪木，又有许多白色猿猴，还盛产水晶石，并蕴藏着丰富的黄金。

又东三百八十里，曰猨翼之山[1]，其中多怪兽，水多怪鱼。多白玉，多蝮虫[2]，多怪蛇，多怪木，不可以上。

［注释］

1 猨翼之山：也作稷翼山或即翼山。

2 蝮fù虫：传说中的毒蛇，又名反鼻虫。

［译文］

再往东三百八十里有座猨翼山，山中到处是怪兽，水中游动着许多怪鱼，还盛产白色玉石，有许多毒蛇，有许多奇怪的蛇，还有许多奇形怪状的树木，但不可攀登！

又东三百七十里，曰杻阳之山，其阳多赤金，其阴多白金[1]。有兽焉，其状如马而白首，其文如虎而赤尾，其音如谣[2]，其名曰鹿蜀，佩之宜子孙。怪水出焉，而东流注于宪翼之水。其中多玄龟，其状如龟而鸟首虺尾[3]，其名曰旋龟，其音如判木[4]，佩之不聋，可以为底[5]。

又东三百里，曰柢山[6]，多水，无草木。有鱼焉，其状如牛，陵居，蛇尾，有翼，其羽在魼下[7]，其音如留牛[8]，其名曰鯥[9]，冬死而夏生，食之无肿疾。

[注释]

1 白金：指银矿石。

2 谣：古代不用乐器伴奏的歌唱叫“谣”。

3 虺huǐ：一种有毒的蛇。

4 判木：指劈木。

5 为底：意指可以医治厚茧。“底”与“胝”通，指手掌或脚底的厚茧。

6 曰：据宋淳熙七年刻本、明成化元年吴宽抄本等，并推文例补。

7 魼qū：指腋下肋上的部位。

8 留牛：兽名，当与本书《东山经》中提到的犁牛为同一种动物。

9 鯥lù：古代传说中的一种怪鱼。

[译文]

从猨翼山再往东三百七十里，有座山名叫杻阳山。山的南坡蕴藏着丰富的铜，山的北坡蕴藏着丰富的白银。山中有一种野兽，它身形像马，而头是白色的，身上的花纹像虎斑，而尾巴是赤红色的，它鸣叫的声音如同人在吟唱歌谣。这种野兽名叫鹿蜀，佩戴这种野兽的皮毛就能子孙满堂。还有奇特的溪水出自山中，向东流入宪翼水。溪中有很多青色的龟，它的形状像乌龟，却长着鸟一样的头和毒蛇一样的尾巴。这种龟名叫旋龟，它的声音像劈木材所发出的响声。佩带它能使耳朵不聋，还可以用来治疗老茧。

从杻阳山再往东三百里，有座山名叫柢山。山上有很多溪水，却没有草木。水中有一种鱼，形状像牛，能够在山陵中栖息，长有蛇一样的尾巴，还长有一对翅膀，它的羽毛生在两肋的下边，它的声音像犁牛哞哞的叫声。这种鱼名叫鯥。它冬季蛰伏，夏季到来时出来活动。人吃了这种鱼就可以防治痈肿疾病。

又东四百里，曰亶爰之山[1]，多水，无草木，不可以上。有兽焉，其状如狸而有髦[2]，其名曰类，自为牝牡[3]，食者不妒。

又东三百里，曰基山，其阳多玉，其阴多怪木。有兽焉，其状如羊，九尾四耳，其目在背，其名曰猼訑[4]，

佩之不畏。有鸟焉，其状如鸡而三首、六目、六足、三翼，其名曰鹇鸺[5]，食之无卧。

[注释]

1 亶chán爰yuán：古山名。

2 髦máo：下垂至眉的长发。郝懿行按：《庄子·天运》篇释文引此经作："其状如狸而有发，其名曰师类。"

3 牝pìn牡mǔ：指鸟兽的雌性和雄性。

4 猼bó訑yí：古代传说中的一种野兽。

5 鹇鸺：郝懿行云："鹇"盖"鷩"字之讹。《玉篇》作"鷩鸺"，《广雅·释地》本此文作"鷩鸺"。鷩biē鸺fū，古代传说中的一种鸟。

[译文]

从柢山再往东四百里，有座山名叫亶爰山。山上溪水很多，但没有草木。山势十分险峻，无法登上去。山中有一种野兽，它的形状像野猫，而头上长有长发。这种野兽名叫类，一身兼具雌雄两性。人吃了它的肉，就不会有妒忌心。

从亶爰山再往东三百里，有座山名叫基山。山的南坡有许多玉石，山的北坡生长着很多奇特的树木，山中有一种野兽，它身形像羊，但长着九条尾巴和四只耳朵，它的眼睛长在背上。这种野兽名叫猼訑。披着它的皮毛就可以不知畏惧。山中还有一种鸟，它形状像鸡却长着三个头、六只眼、六只脚和三只翅膀。这种鸟名叫鵸鵌，吃了它的肉，就会使人不感到瞌睡。

又东三百里，曰青丘之山，其阳多玉，其阴多青雘[1]。有兽焉，其状如狐而九尾，其音如婴儿，能食人，食者不蛊[2]。有鸟焉，其状如鸠，其音若呵[3]，名曰灌灌，佩之不惑。英水出焉，南流注于即翼之泽。其中多赤鱬[4]，其状如鱼而人面，其音如鸳鸯，食之不疥[5]。

［注释］

1 青雘huò：青色的可做颜料的矿物。

2 蛊gǔ：毒热恶气。

3 呵hē：呵斥，斥骂。

4 赤鱬rú：传说中的一种鱼。

5 疥jiè：疥疮。另有一说认为“疥”当为“疾”。

［译文］

再往东三百里有座青丘山。这山的南边盛产玉石，山的北边盛产可做青色颜料的矿物。山里有种怪兽，形状像狐狸，长有九条尾巴，叫声像婴儿的啼哭，吃人；人若吃了它，就可以不受有害气体侵袭。山里有种形状像斑鸠的鸟，发出的声音像人在斥骂，它的名字叫灌灌，把它佩带在身上可以不受迷惑。英水就发源于这座山，之后向南注入即翼泽。附近的水里盛产赤鱬，它的形状像鱼，有着一张人样的脸，声音像鸳鸯，吃了它可以不生疥疮。

又东三百五十里，曰箕尾之山，其尾踆于东海[1]，多沙石。汸水出焉，而南流注于淯，其中多白玉。

凡䧿山之首，自招摇之山，以至箕尾之山，凡十山，二千九百五十里。其神状皆鸟身而龙首。其祠之礼[2]：毛用一璋玉瘗[3]，糈用稌米[4]，一壁稻米，白菅为席。

［注释］

1 踆：通“蹲”，两腿弯曲，像坐的样子，但臀部不着地。这里是坐落的意思。

2 祠：祭祀、祭奠。

3 瘗：埋物祭地，埋葬。

4 糈：祭祀所用的精米。稌米：稻米或糯稻。

［译文］

由青丘山再往东三百五十里，有座箕尾山，山向东绵延至东海海滨。山上多沙石。汸水从山间流出，向南一直流入淯水，水中有很多白色的玉石。

综观南山第一列䧿山系，西从招摇山，东至箕尾山，共计十座山，蜿蜒二千九百五十里。这十座山的山神，都长着鸟的身形和龙的脑袋。人们祭祀山神时，将祭祀的牲畜与一块玉璋一起埋在地下，祭祀用的精米是糯米，供山神用的坐席是用白茅草编织的草席。

南次二经之首，曰柜山[1]，西临流黄[2]，北望诸𪊨[3]，东望长右。英水出焉，西南流注于赤水，其中多白玉，多丹粟[4]。有兽焉，其状如豚，有距[5]，其音如狗吠，其名曰狸力，见则其县多土功[6]。有鸟焉，其状如鸱而人手[7]，其音如痹[8]，其名曰鴸[9]，其名自号也，见则其县多放士。

东南四百五十里，曰长右之山，无草木，多水。有兽焉，其状如禺而四耳，其名长右，其音如吟，见则郡县大水。

[注释]

1 柜jǔ山：古山名。

2 流黄：古国名。郝懿行按：即流黄辛氏国。见《海内经》。

3 诸𪊨pí：众多相连的群山或水域。

4 丹粟：指粟米般细小的红沙石。

5 距：雄鸡、野鸡等的跖后面突出像脚趾的部分。这里指鸡爪子。

6 见：通“现”。县：地方行政区的一级。此处泛指某一带地方。

7 鸱chī：鸱鹞，即鹞鹰，一种凶猛的飞禽。

8 痹bì：意暂未详。据郝懿行按，《尔雅》云：“鹑之雌者名痹。”

9 鴸zhū：传说是帝尧的儿子丹朱所化的鸟。据古代神话传说，帝尧把天下让给帝舜，丹朱不服，便与三苗国的人联合起兵反对，帝尧派兵打败了他们。丹朱感到羞愧，就自投南海淹死而后变成了鸟。

[译文]

南次二经所记述的南方山系第二大山脉排在首位的，名叫柜山。柜山西临流黄辛氏国，向北可望见连绵的群山，向东可望见长右山。英水发源于此山，它向西南流入赤水。英水中有许多白色的玉石，还盛产像粟粒细小的丹砂。柜山中有一种野兽，它的身形像小猪，长着分开的脚爪，它的叫声像狗吠。这种野兽名叫狸力。哪里出现这种野兽，哪里就要加强防水治水工程。柜山中还有一种鸟，它的形状像鹞鹰，却长着像人手一样的脚，它的声音像痹一样。这种鸟名鴸。它有这个名字，是因为它自己发出“朱”的叫声。哪里出现这种鸟，哪里就有很多文人被放逐。

从柜山再往东南方向四百五十里，有座山名叫长右山。山上没有草木，有很多溪水。山中有一种野兽，它的形状像猴子，却长着四只耳朵，它名叫长右。长右的叫声像人在呻吟。哪里出现这种野兽，哪里的郡县就会有洪灾。

又东三百四十里，曰尧光之山，其阳多玉，其阴多金。有兽焉，其状如人而彘鬣[1]，穴居而冬蛰，其名曰猾褢，其音如斫木[2]，见则县有大繇[3]。

［注释］

1 彘zhì鬣liè：指猪鬃。彘，猪；鬣，兽颈上精而硬的长毛。

2 斫zhuó：用刀斧砍、伐。

3 繇yáo：通“徭”，指徭役。

［译文］

再向东三百四十里，有座尧光山，它的南坡多产玉石，北坡多产金属矿石。有一种野兽，它的样子像人，而身上长着像猪一样的长鬃毛，生活在洞穴之中，冬季蛰居不出，它的名字叫猾褢，它的叫声如同砍伐树木的声音，它出现的地方就会有繁重的徭役。

又东三百五十里，曰羽山[1]，其下多水，其上多雨，无草木，多蝮虫。

［注释］

1 羽山：传说中的上古帝王祝融曾奉黄帝之命，将大禹的父亲鲧杀死在羽山，一说是鲧被帝舜杀死在羽山的，所以这座山很有名。

［译文］

再往东三百五十里，有座羽山，山下到处流水，山上经常下雨，没有花草树木，蝮蛇很多。

又东三百七十里。曰瞿父之山，无草木，多金玉。

［译文］

再向东三百七十里，有座瞿父山，山上没有花草树木，但有丰富的金属矿石和玉石。

又东四百里，曰句余之山，无草木，多金玉。

［译文］

再向东四百里，有座句余山，山上没有花草树木，但有丰富的金属矿石和玉石。

又东五百里，曰浮玉之山，北望具区，东望诸毗。有兽焉，其状如虎而牛尾，其音如吠犬，其名曰彘，是食人。苕水出于其阴[1]，北流注于具区[2]。其中多鮆鱼[3]。

［注释］

1 苕水：水名。在今浙江省境内。

2 具区：古泽薮名，即太湖。又名震泽、笠泽。

3 鮆鱼：即鲚鱼，也叫“凤尾鱼”。体侧扁，头小而尖，尾尖而细，银白色。

［译文］

由句余山再往东五百里有座浮玉山。这座山北边可以眺望到太湖，东边可以眺望到诸水。山上有一种野兽，身形像虎，但长着一根牛尾。它的叫声像狗吠。它的名字叫彘，是一种吃人的野兽。这座山的南坡有一条小溪流出，这条小溪名叫苕水，向北流去，最终流进太湖。苕水中生长有很多的鮆鱼。

又东五百里，曰成山，四方而三坛，其上多金玉，其下多青雘。阌水出焉[1]，而南流注于虖勺[2]，其中多黄金。

[注释]

1 阏zhuō水：水名。

2 虖hū勺shuò：水名，古人认为即南虖沱水。

[译文]

再往东五百里的地方，有座成山，这山的形状是四方的，像垒起来的土坛，一共有三层，山上蕴藏着丰富的金属矿石和玉石，山下盛产青雘。阏水就发源于这座山，之后向南注入虖勺水，水里黄金储量丰富。

又东五百里，曰会稽之山，四方，其上多金玉，其下多砆石[1]。勺水出焉，而南流注于湨[2]。

[注释]

1 砆石：即武夫石，近似玉石。

2 湨jú：水名。疑今之瓯江。

[译文]

再往东五百里，有座会稽山，这座山是四方形的，山上盛产金属矿石和玉石，山下盛产像玉石的武夫石。勺水就发源于这座山，之后向南注入溴水。

又东五百里，曰夷山。无草木，多沙石。湨水出焉，而南流注于列涂。

[译文]

由会稽山再往东五百里有座山，名叫夷山。山上寸草不生，沙石很多。山间有条水流出，名叫湨水。这条水向南流出，最终流入列涂水。

又东五百里，曰仆勾之山，其上多金玉，其下多草木，无鸟兽，无水。

[译文]

由夷山再往东五百里有座仆勾山。山上蕴藏着丰富的金矿石和玉石，山脚草木繁茂。山中没有鸟兽，也没有水流。

又东五百里，曰咸阴之山，无草木，无水。

[译文]

由仆勾山再往东五百里有座山，名叫咸阴山。山上既没有草木，也没有水。

又东四百里，曰洵山，其阳多金，其阴多玉。有兽焉，其状如羊而无口，不可杀也[1]，其名曰䍺。洵水出焉，而南流注于阏之泽，其中多茈蠃[2]。

［注释］

1 不可杀：就是不能死，意思是这种兽即使不吃东西也不能使它死去。这里杀是“死”的意思。

2 茈蠃：茈通“紫”。蠃通“螺”。茈蠃就是紫颜色的螺。

［译文］

再往东四百里，有座洵山，山南阳面盛产金属矿石，山北阴面多出产玉石。山中有一种野兽，形状像普通的羊却没有嘴巴，不吃东西也能活着而不死，名称是䍺。洵水从这座山发源，然后向南流入阏泽，水中有很多紫色螺。

又东四百里，曰虖勺之山，其上多梓枏[1]，其下多荆杞[2]。滂水出焉，而东流注于海。

又东五百里，曰区吴之山，无草木，多沙石。鹿水出焉，而南流注于滂水。

又东五百里，曰鹿吴之山，上无草木，多金石。泽更之水出焉，而南流注于滂水。水有兽焉，名曰蛊雕，其状如雕而有角，其音如婴儿之音，是食人。

［注释］

1 梓：即梓树，落叶乔木。枏：楠木，常绿乔木。

2 荆：牡荆，落叶灌木。果实黄荆子可供药用。杞：即枸杞，落叶小灌木。果实枸杞子，可供药用。

［译文］

从洵山再往东四百里，有座山名叫虖勺山。这山上有许多梓树、楠树，山下长满牡荆、枸杞。滂水从山中流出，再向东流入大海。

从虖勺山再往东五百里，有座山名叫区吴山。山上没有草木，多是沙石。鹿水从山中流出，再向南流入滂水。

从区吴山再往东五百里，有座山名叫鹿吴山。山上没有草木，蕴含丰富的黄金矿石和玉石。泽更之水从山中流出，再向南流入滂水。水中有一种水兽，名叫蛊雕。它的身形像雕，而头上却有角，它的叫声像婴儿发音。这种水兽吃人。

东五百里，曰漆吴之山，无草木，多博石，无玉。处于东海，望丘山，其光载出载入，是惟日次[1]。

凡南次二经之首，自柜山至于漆吴之山，凡十七山，七千二百里。其神状皆龙身而鸟首。其祠：毛用一

璧瘗，糈用稌。

[注释]

1 次：旅途中停歇。日次：指日落。

[译文]

由鹿吴山再往东五百里有座山，名叫漆吴山。山上不生长草木，但有很多可以用于制作棋盘的大块石头，山上没有玉石矿藏。这座山位于东海海滨。站在山上向东远眺，隐隐可见远处的海平面上有座小山，若隐若现，忽明忽暗。那里是太阳降落的地方。

综观南山第二列山系，从柜山开始，至漆吴山，总计有十七座山，蜿蜒七千二百里。这些山的山神，身形都像龙，脑袋像鸟。人们供奉山神时，将祭祀的牲畜与一块璧共埋地下，祭祀用的精米用糯米。

南次三经之首，曰天下虞之山，其下多水，不可以上。

[译文]

到了南山第三条山系，最西头第一座山是天虞山。山下周围都是水，无法上山。

东五百里，曰祷过之山，其上多金玉，其下多犀、兕[1]，多象[2]。有鸟焉，其状如䴔而白首[3]，三足，人面，其名曰瞿如[4]，其鸣自号也。泿水出焉，而南流注于海。其中有虎蛟[5]，其状鱼身而蛇尾，其音如鸳鸯，食者不肿，可以已痔[6]。

[注释]

1 犀：即犀牛。传说其形似水牛，猪头，大腹，庳脚，脚有三蹄，皮为黑色，头顶、前额、鼻子各生有一角。兕：雌性犀牛，传说其形似水牛，只生有一只角，皮毛为青色，体形壮硕，可达三千斤。

2 象：即大象。

3 䴔：传说当中的一种鸟，长相如同野鸭，较野鸭小些，脚接近尾部。

4 瞿如：传说中的鸟名。

5 虎蛟：传说中龙的一种，鱼身蛇尾。

6 已：治疗。痔：痔疮。

[译文]

由天虞山往东五百里，有座祷过山。山上蕴藏有丰富的金属矿石和玉石。山下生活着很多凶猛的犀牛，还有很多象。山中生长有一种鸟，身形像鱼鹰，但头是白色的，脚长着三只，脸像人。这种鸟名叫瞿如。之所以取这个名，是因为它的鸣叫声是“瞿——如——”。山间有条溪流流出，名叫浪水，向南流去，最终流入南海。浪水中有种名叫虎蛟的动物，身形像鱼，但长着似蛇的尾巴，鸣叫声像鸳鸯叫。人若吃了它的肉，就可以不生得肿胀，而且还可以医治痔疮。

又东五百里，曰丹穴之山，其上多金玉。丹水出焉，而南流注于渤海。有鸟焉，其状如鸡，五采而文[1]，名曰凤凰，首文曰德，翼文曰义，背文曰礼，膺文曰仁[2]，腹文曰信。是鸟也，饮食自然，自歌自舞。见则天下安宁。

又东五百里，曰发爽之山，无草木，多水，多白猿。汎水出焉，而南流注于渤海。

［注释］

1 文：通“纹”，花纹。

2 膺yīng：胸部。

［译文］

从祷过山再往东五百里，有座山名叫丹穴山。山上有丰富的金属矿石和玉石。丹水从山中流出，再向南流入渤海。山中有一种鸟，它的形状像鸡，身上花纹五彩斑斓。这种鸟名叫凤凰。头部的花纹像“德”字，翅膀的花纹像“义”字，背部的花纹像“礼”字，胸部的花纹像“仁”字，腹部的花纹像“信”字。这种鸟啊，饮食和普通鸟一样，经常自歌自舞，只要这种鸟出现，那么天下就会和平安宁了。

从丹穴山再往东五百里，有座山名叫发爽山。山上没有草木，山间多流水，生活着很多白猿。汎水从山间流出，再向南流入渤海。

又东四百里，至于旄山之尾，其南有谷，曰育遗，多怪鸟，凯风自是出[1]。

［注释］

1 凯风：南风。

［译文］

再往东四百里，便到了旄山的尾部，它的南面有一道山谷，叫作育遗谷，山谷中怪鸟很多，南风从这里吹出。

又东四百里，至于非山之首，其上多金玉，无水，其下多蝮虫。

［译文］

再往东四百里，就到了非山的前端，山上蕴藏着丰富的金属矿石和玉石，没有水，山下有许多蝮蛇。

又东五百里，曰阳夹之山，无草木，多水。

［译文］

再往东五百里，有座阳夹山，山上草木不生，山间多流水。

又东五百里，曰灌湘之山，上多木，无草；多怪鸟，无兽。

［译文］

再向东五百里，有座灌湘山，山上到处是树木，但没有花草；山中有许多奇怪的飞鸟，却没有野兽。

又东五百里，曰鸡山，其上多金，其下多丹雘。黑水出焉，而南流注于海。其中有鲑鱼，其状如鲋而彘毛[1]，其音如豚，见则天下大旱。

[注释]

1 彘：猪。

[译文]

再向东五百里，是鸡山，山上有丰富的金属矿石，山下盛产丹雘。黑水从这座山发源，然后向南流入大海。水中有一种鲑鱼，长得像鲫鱼却长着猪毛，发出声音如同小猪叫，它一出现就会天下大旱。

又东四百里，曰令丘之山，无草木，多火。其南有谷焉，曰中谷，条风自是出[1]。有鸟焉，其状如枭[2]，人面四目而有耳，其名曰颙，其鸣自号也，见则天下大旱。

[注释]

1 条风：也叫调风、融风，即春天的东北风。

2 枭：通“鸮”，俗称猫头鹰。

[译文]

再向东四百里，有座令丘山，没有花草树木，到处是野火。山的南边有一峡谷，叫作中谷，东北风就是从这里吹出来的。山中有一种禽鸟，长得像猫头鹰，却长着一副人脸和四只眼睛，而且有耳朵，名叫颙，它发出的叫声就是自身名称的读音，它一出现天下就会大旱。

又东三百七十里，曰仑者之山，其上多金玉，其下多青雘。有木焉，其状如穀而赤理，其汗如漆，其味如饴，食者不饥，可以释劳，其名曰白蓉，可以血玉。

［译文］

再向东三百七十里，有座仑者山。山中蕴藏着丰富的金属矿石和玉石，山下盛产青雘。山上生长着一种树木，它的形状很像谷子，而里面却是红色的，从树干中渗出的水像漆一样，它的味道像用麦芽做的糖浆，吃了这种东西的人，可以永远不饿，还可以解除疲劳，它名叫白蓉。人们可以用它来涂染玉石，使玉石放射出更加耀眼的光华。

又东五百八十里，曰禺稾之山，多怪兽，多大蛇。

［译文］

再向东五百八十里，有座禺稾山。山中生活着很多奇异的怪兽，还有很多大蛇。

又东五百八十里。曰南禺之山，其上多金玉，其下

多水。有穴焉，水出辄入，夏乃出，冬则闭。佐水出焉，而东南流注于海，有凤凰、鹓雏。

［译文］

再向东五百八十里的地方，叫南禺山。山中蕴藏着丰富的黄金和美玉，山下有很多溪流。山中有个洞穴，水从洞穴中流出，又重新流进去。夏季，水从洞穴中往外流，入冬，则停止了。佐水发源于这座山，向东南流去，注入海中。这里有凤凰、鹓雏。

凡南次三经之首，自天虞之山以至南禺之山，凡一十四山，六千五百三十里。其神皆龙身而人面。其祠皆一白狗祈，糈用稌。

［译文］

总计南方第三列山系之首尾，从天虞山到南禺山，总共有十四座山，总长六千五百三十里。诸山的神灵都长着龙的身子，人的面孔。祭祀诸山神的礼仪，都是用一只白狗献祭，祀神的精米为稻米。

右南经之山志，大小凡四十山，万六千三百八十里。

[译文]

以上所记《南山经》中的山，大大小小总共四十座，共跨越一万六千三百八十里。

玃如

卷二　西山经

西山经华山之首，曰钱来之山，其上多松，其下多洗石[1]。有兽焉，其状如羊而马尾，名曰羬羊[2]，其脂可以已腊[3]。

西四十五里，曰松果之山。濩水出焉[4]，北流注于渭，其中多铜。有鸟焉，其名曰螐渠[5]，其状如山鸡，黑身赤足，可以已𦢊[6]。

［注释］

1 洗石：含碱之石。洗澡时可用来溶解皮肤上的污垢。

2 羬qián羊：传说中的野兽，形状像羊，却长着马的尾巴，体形较大。《尔稚》云："羊六尺为羬。"

3 腊xī：皮肤干燥皴裂。

4 濩huò水：水名。郝懿行云："《水经注》作'灌水'。"

5 鸲tóng渠：古鸟名，形像山鸡，黑色的身体，红色的爪子。

6 𦢊báo：皮肤皴裂。

[译文]

《西山经》所记述的西部山系第一大山脉名叫华山，华山山脉排在首位的山名叫钱来山。这山上多松树，山下有很多洗石。山中有一种野兽，它的身形像羊而长着马一样的尾巴，名叫羬羊，它的油脂可以医治皮肤皴裂。

从钱来山往西四十五里，有座山名叫松果山。濩水从山中流出，向北流入渭河，濩水中富含铜。山中有一种鸟，它的名称叫渠，它的身形像山鸡，黑色的身体，红色的爪子。这种鸟可以用来医治皮肤皴裂。

又西六十里，曰太华之山[1]，削成而四方，其高五千仞[2]，其广十里，鸟兽莫居。有蛇焉，名曰肥𧔥，六足四翼，见则天下大旱。

[注释]

1 太华之山：指西岳华山，在今陕西省华阴市西南。

2 仞rèn：古代的长度单位，周制八尺为一仞，汉制七尺为一仞。

［译文］

再向西六十里是太华山，山如刀削斧砍般陡峭，呈四方形，高四千丈，方圆十里，飞鸟走兽无法居住。山中有一种蛇，名叫肥𧌒，长着六只脚、四只翅膀，它一出现，天下就会出现大旱灾。

又西八十里，曰小华之山[1]，其木多荆杞，其兽多㸲牛[2]，其阴多磬石[3]，其阳多㻬琈[4]之玉。鸟多赤鷩[5]，可以御火。其草有萆荔[6]，状如乌韭，而生于石上，亦缘木而生，食之已心痛。

［注释］

1 小华之山：今少华山，在陕西省渭南市白水县。

2 㸲zhà牛：一种山牛，可产千斤之肉。

3 磬qìng石：乐石，可以制成磬这种乐器来敲击。

4 㻬yǔ琈fú：玉名，其形状不详。

5 赤鷩bì：即锦鸡，山鸡之属。

6 萆bì荔：一种香草。

[译文]

再向西八十里有座小华山，山上的树木多为荆木和枸杞，山中的兽类多为㸲牛，它的北坡盛产可以制磬的石头，它的南坡多产㻬琈玉。山中有很多赤鷩鸟，养它可以御防火灾。山上产一种叫萆荔的香草，形状像乌韭，生长在石头之上，也攀着树木生长，吃了它可以治疗心痛病。

又西八十里，曰符禺之山，其阳多铜，其阴多铁。其上有木焉，名曰文茎，其实如枣，可以已聋。其草多条，其状如葵，而赤花黄实，如婴儿舌，食之使人不惑。符禺之水出焉，而北流注于渭。其兽多葱聋[1]，其状如羊而赤鬣。其鸟多鴖，其状如翠[2]而赤喙，可以御火。

[注释]

1 葱聋：传说中的一种野山羊。

2 翠：指翠鸟。

[译文]

由小华山再往西八十里有座符禺山。山的南坡蕴藏着丰富的铜，山的北坡蕴藏着丰富的铁矿石。山顶有一种树木，名叫文茎。这种树的果实就像枣子，可以用来医治耳聋。山上生长的草主要是一种条草，形状像山葵，像婴儿的舌头，但开出的花是红色的，果实是黄色的，吃了这种草可以使人不受妖气所惑。山间有条名叫符禺水的溪流流出，向北流入渭河。山上生活的野兽主要是一种名叫葱聋的东西。它的身形似羊，但长着一把红色的鬣毛。山中的鸟类主要是䳋鸟。这种鸟的形状像翠鸟，但嘴是红色的。把它养在身边，可以预防火灾。

又西六十里，曰石脆之山，其木多棕楠，其草多条[1]，其状如韭，而白华黑实，食之已疥。其阳多㻬琈之玉，其阴多铜。灌水出焉，而北流注于禺水。其中有流赭[2]，以涂牛马无病。

[注释]

1 条：一种野草。

2 流赭：流指硫黄，一种天然的矿物质，中医可入药，有杀虫作用；赭即赭黄，一种天然生成的褐铁矿，可做黄色颜料。

[译文]

由符禺山往西六十里有座山，名叫石脆山。山上生长着棕树和楠树。山上生长的草主要是一种条草。这种草的形状像山韭，但开出的花是白色的，果是黑色的。吃了这种草可以医治疥疮。这座山的南坡蕴藏着丰富的瓀琈玉，山的北坡蕴藏有丰富的铜矿石，山间有条名叫灌水的溪流流出，向北流入禺水。灌水中有一种红土，用这种红土涂在牛马身上，可以使这些牛马不生病。

又西七十里，曰英山。其上多杻、橿[1]，其阴多铁，其阳多赤金。禺水出焉，北流注于招水[2]，其中多鲜鱼[3]，其状如鳖，其音如羊。其阳多箭䉋[4]，其兽多㸲牛、羬羊。有鸟焉，其状如鹑[5]，黄身而赤喙，其名曰肥遗[6]，食之已疠[7]，可以杀虫。

又西五十二里，曰竹山。其上多乔木，其阴多铁。有草焉，其名曰黄藋，其状如樗[8]，其叶如麻，白华而赤实，其状如赭[9]，浴之已疥，又可以已胕[10]。竹水出焉，北流注于渭，其阳多竹箭，多苍玉。丹水出焉，东南流注于洛水，其中多水玉，多人鱼。有兽焉，其状如豚而白毛，［毛］大如笄而黑端[11]，名曰豪彘[12]。

［注释］

1 杻niǔ：杻树，外形似棣树，细叶。橿jiāng：橿树，木质坚硬，古时常用来制造车子。

2 招sháo水：古水名。

3 鲜bàng鱼：古鱼名。

4 箭䉋mèi：一种竹节长、根深、皮厚的竹子。

5 鶉chún：鹌鹑。

6 肥遗：本书上文所述“肥𧔥”是一种蛇，此处所指为一种鸟。

7 疠：癞病，即“麻疯”。此处当泛指疾疫。

8 櫄chū：俗称臭椿树。

9 赭：红土。引申为赤褐色。

10 胕fú：浮肿病。

11 ［毛］：从郝懿行说，据《初学记》《文选·长杨赋》注引此经补。笄jī：即发笄，簪子，古人用来插住绾盘的头发。此头饰多用动物骨头、玉石、金属等制作。

12 豪彘zhì：豪猪，大野猪。

[译文]

从石脆山再往西七十里，有座山名叫英山。英山上长有许多杻树和橿树。山北坡多铁矿石，山南坡多金矿石。禺水从山中流出，向北流入招水。禺水中盛产鲜鱼，这种鱼形状很像鳖，它的声音像羊叫。山的南坡上有很多箭竹。山中的野兽主要是牛和羬羊。山中还有一种鸟，它的形状像鹌鹑，身上的羽毛是黄色的，嘴是红色的。这种鸟名叫肥遗。吃了这种鸟的肉，可医治疾疫，还可以杀灭寄生虫。

从英山再往西五十二里，有座山名叫竹山。竹山上多乔木，山北坡蕴藏着丰富的铁矿石。山中有一种草，名叫黄雚。这草形状如椿树，叶子似麻叶，开白色的花，结赤褐色的果实。用这种草洗浴，既可以治疥疮，又可以医治浮肿病症。竹水从山中流出，向北流入渭河。山的南坡多箭竹，还有许多黑色的玉石。丹水从山中流出，向东南流入洛河。丹水中有很多水晶，还有很多娃娃鱼。山中有一种野兽，它的形状像猪，白色的毛，毛粗得如发笄，只有尖端是黑色的，这种兽名叫豪猪。

又西百二十里，曰浮山，多盼木，枳叶而无伤[1]，木虫居之。有草焉，名曰薰草，麻叶而方茎，赤华而黑实，臭如蘼芜[2]，佩之可以已疠。

[注释]

1 枳：枳树，即枸橘，又称臭橘，叶上有粗刺。伤：指针刺。

2 臭：气味。蘼芜：又名蕲茝、薇芜、江蓠；一种香草，是芎䓖的苗，香气似白芷。

[译文]

由竹山再往西一百二十里有座山，名叫浮山。这座山上生长的树种主要是盼树。盼树的叶形似枳树的叶，但没有刺。树干里寄生着很多小虫。山上有一种草，名叫薰草，叶形似大麻的叶，但草茎是四四方方的，开红色的花，结黑色的果。这种草还散发出一种香气。人如果将这种草带在身上，可以医治瘟疫和恶疮。

又西七十里，曰羭次之山，漆水出焉，北流注于渭。其上多棫橿，其下多竹箭，其阴多赤铜，其阳多婴垣[1]之玉。有兽焉，其状如禺而长臂，善投，其名曰嚣[2]。有鸟焉，其状如枭，人面而一足，曰橐𩇯，冬见夏蛰[3]，服之不畏雷。

[注释]

1 婴垣：一种玉石，用于制作颈部装饰品。

2 嚣：一种野兽，类似猕猴，长相与人相似。

3 蛰：动物休眠，藏起来不食不动。

[译文]

由浮山再往西七十里有座山，名叫羭次山。山间有条名叫漆水的溪流，向北流入渭水。山上生长的树种主要是白棫和橿树，山坡下生长的树种主要是小竹。山的北坡蕴藏着丰富的赤铜矿石，山的南坡有很多可制成颈饰的玉石。山上有一种野兽，身形像禺，但长着长长的手臂，擅长投掷。这种野兽名叫嚣。山上有一种鸟，形状似枭，脸似人面，脚只有一只。这种鸟名叫橐𩇯。它冬天出现，而夏天却蛰伏。人如果吃了这种鸟的肉，就不会怕雷击了。

又西百五十里，曰时山，无草木。逐水出焉[1]，北流注于渭，其中多水玉。

[注释]

1 逐水：古水名。或作“遂水”。

[译文]

再往西一百五十里，有座时山，山上没有任何花草树木。逐水就从此山发源，之后向北注入渭水。附近的水里有大量水晶。

又西百七十里，曰南山[1]，上多丹粟。丹水出焉，北流注于渭。兽多猛豹，鸟多尸鸠[2]。

[注释]

1 南山：古人认为即终南山。

2 尸鸠：即布谷鸟。

［译文］

再往西一百七十里，有座南山，山上到处是粟米粒大小的丹砂。丹水就从此山发源，之后向北注入渭水。山里的野兽以猛豹为多，鸟类则以布谷鸟为多。

又西百八十里，曰大时之山，上多榖柞，下多杻橿，阴多银，阳多白玉。涔水出焉[1]，北流注于渭。清水出焉，南流注于汉水。

［注释］

1 涔qián：古水名。

［译文］

再往西一百八十里，有座大时山，山顶有很多构树和柞树，山下有很多杻树和橿树，山的北边出产大量的银，山的南边白色的玉石储量丰富。涔水就从此山发源，之后向北注入渭水。清水也从此山发源，之后向南注入汉水。

又西三百二十里，曰嶓冢之山，汉水出焉。而东南流注于沔；嚣水出焉，北流注于汤水。其上多桃枝钩端[1]，兽多犀兕熊罴[2]，鸟多白翰赤鷩[3]。有草焉，其叶如蕙[4]，其本如桔梗[5]，黑华而不实，名曰蓇蓉，食之使人

无子。

［注释］

1 桃枝：一种竹子，它每隔四寸为一节。钩端：属于桃枝竹之类的竹子。

2 罴：熊的一种。

3 白翰：鸟名，即白雉，又叫白鹇，雄性白雉鸟的上体和两翼白色，尾长，中央尾羽纯白。这种鸟常栖高山竹林间。赤鷩，即赤雉，又叫锦鸡。

4 蕙：蕙草，是一种香草，属于兰草之类。

5 桔梗：多年生草本植物。

［译文］

再往西三百二十里，有座嶓冢山，汉水发源于此，然后向东南流入沔水；嚣水也发源于此，向北流入汤水。山上到处是葱茏的桃枝竹和钩端竹，野兽以犀牛、兕、熊、罴最多，禽鸟以白雉和锦鸡最多。山中有一种草，叶子长得像蕙草叶，茎干却像桔梗，开黑色花朵，但不结果实，名称是蓇蓉，吃了它就会使人丧失生育能力。

又西三百五十里，曰天帝之山，上多棕楠，下多菅蕙。有兽焉，其状如狗，名曰溪边，席其皮者不蛊[1]。有鸟焉，其状如鹑，黑文而赤翁[2]，名曰栎，食之已痔。有草焉，其状如葵，其臭如蘼芜，名曰杜衡[3]，可以走马，食之已瘿[4]。

［注释］

1 席：这里作动词用，铺垫的意思。

2 翁：鸟脖子上的毛。

3 杜衡：一种香草。

4 瘿：一种人体局部细胞增生的疾病，一般形成囊状性的赘生物，形状、大小不一，多肉质。这里指脖颈部所生肉瘤。

［译文］

再往西三百五十里，有座天帝山，山上是茂密的棕树和楠木树，山下主要生长茅草和蕙草。山中有一种野兽，形状像普通的狗，名称是溪边，人坐卧时铺垫上溪边兽的皮就不会中妖邪毒气。山中又有一种禽鸟，形状像一般的鹌鹑，但长着黑色的花纹和红色的颈毛，名称是栎，人吃了它的肉可以治愈痔疮。山中还有一种草，形状像葵菜，散发出和蘼芜一样的气味，名称是杜衡，给马插戴上它就可以使马跑得很快，而人吃了它就可以治愈脖子上的赘瘤病。

西南三百八十里，曰皋涂之山，蔷水出焉，西流注于诸资之水；涂水出焉，南流注于集获之水。其阳多丹粟，其阴多银、黄金，其上多桂木。有白石焉，其名曰礜[1]，可以毒鼠。有草焉，其状如槀茇[2]，其叶如葵而赤背，名曰无条，可以毒鼠。有兽焉，其状如鹿而白尾，马足人手而四角[3]，名曰玃如。有鸟焉，其状如鸱而人足，名曰数斯，食之已瘿。

［注释］

1 礜yù：礜石，也称毒砂，即硫砒铁矿。煅之成末，可以杀鼠，亦可以入药。

2 槀茇bá：一种香草。

3 人手：前两脚像人的两手。

［译文］

向西南三百八十里有座皋涂山，蔷水发源于这座山，向西流注入诸资水；涂水也发源于这里，向南流注入集获水。山的南坡多产像粟米一样的细丹砂，山的北坡多产银和黄金，山上生长着茂盛的桂木。有一种白色的石头，它的名字叫礜，这种石头的粉末可以毒死老鼠。有一种草，它的形状像槀茇，它的叶子像葵一样，但背是红色的，它的名字叫无条，可以用来杀死老鼠。有一种野兽，它的形状像鹿而生着白色的尾巴，后脚像马蹄，前脚像人手，头上长着四只角，它的名字叫玃如。这里有一种鸟，它的形状像鸮而长着人一样的脚，名叫数斯，吃了它的肉可以治疗脖子上的肉瘤。

又西百八十里，曰黄山，无草木，多竹箭。盼水出焉，西流注于赤水，其中多玉。有兽焉，其状如牛而苍黑，大目，其名曰𤛎。有鸟焉，其状如鸮，青羽赤喙[1]，人舌能言，名曰鹦䳇[2]。

[注释]

1 喙：鸟兽的嘴。

2 鹦䳇：即鹦鹉，又称作鹦哥。

[译文]

由皋涂山再往西一百八十里有座山，名叫黄山。这座山上不生草木，但有很多小竹。盼水发源于这座山，从山涧流出后便向西流入赤水。盼水中有很多玉石。山上有一种野兽，身形像牛，但全身都是黑色的，眼睛很大。它的名字叫𤛎。山上还有一种鸟，身形像猫头鹰，但羽毛是青色的，嘴是红色的，舌头像人的舌头，能说人话。这种鸟名叫鹦鹉。

又西二百里，曰翠山，其上多棕枏，其下多竹箭，其阳多黄金玉，其阴多旄牛、麢、麝[1]，其鸟多鸓，其状如鹊[2]，赤黑而两首四足，可以御火。

［注释］

1 旄牛：即牦牛，产于我国西南地区。麢：同“羚”，即羚羊，四肢细长，蹄小而尖，善于奔跑。能耐干旱。麝：也叫香獐，形状像鹿但小而无角，尾巴短。雄的犬齿发达，露出口外。脐部有香腺能分泌麝，供药用或做香料。

2 鹊：即喜鹊。

［译文］

由黄山再往西二百里有座山，名叫翠山。这座山的上半部分生长的树种主要是棕树和楠树，下半部分生长着很多的小竹。南坡蕴藏着丰富的黄玉，山的北坡有很多牦牛、羚羊和香獐出没。这座山上生长的鸟主要是鸓鸟。这种鸟体形似喜鹊，但羽毛的颜色是红黑相间的，长着两个头、四只脚，可以用来防御火灾。

又西二百五十里，曰騩山[1]，是錞于西海[2]，无草木，多玉。淒水出焉，西流注于海，其中多采石、黄金，多丹粟。

[注释]

1 騩guī山：山名。

2 錞：通“蹲”，蹲踞。

[译文]

再往西二百五十里，有座騩山，它蹲踞在西海边上，山上没有任何花草树木，有很多玉石。淒水就从此山发源，之后向西注入大海，淒水有大量彩色的石头和黄金，还有很多粟米粒大小的细丹沙。

凡西山之首，自钱来之山至于騩山，凡十九山，二千九百五十七里。华山，冢也[1]，其祠之礼：太牢[2]。羭山，神也，祠之用烛，斋百日以百牺[3]，瘗用百瑜[4]，汤其酒百樽[5]，婴以百珪百璧[6]。其余十七山之属，皆毛牷用一羊祠之[7]。烛者，百草之未灰，白席采等纯之。

[注释]

1 冢：大也。

2 太牢：古代祭祀活动里牛、羊、猪三牲全备为太牢。

3 斋：古人在祭祀前清洁身体以示虔敬。牺：祭祀时用的纯色家畜。

4 瑜：一种美玉。

5 汤：本意是热水。这里用作动词，使用热水温酒的意思。

6 婴：绕，围绕。一说婴为以玉祭神的专称。珪guī：瑞玉。常作祭祀、朝聘之用。

7 牷quán：色纯完整的祭牲。

［译文］

西方第一列山系，自钱来山到騩山一共十九座，长达二千九百五十七里。华山是诸山的宗主，祭祀华山要用牛、羊、猪三牲齐全的太牢。羭山是有神威的，祭祀羭山要用烛火，在斋戒一百天后用一百只毛色纯正的牲畜，连同一百块瑜埋入地下，还要烫一百樽美酒，环绕陈列一百块珪和一百块璧。祭祀其余十七座山的礼仪相同，都用一只完整的肥羊作祭品。所谓烛，就是用百草结成的火把，它还没有燃尽的时候叫烛。祭祀的席是用各种颜色次第装饰边缘的白茅草席。

西次二经之首，曰钤山。其上多铜，其下多玉，其木多杻、橿。

西二百里，曰泰冒之山。其阳多金，其阴多铁。洛水出焉，东流注于河[1]，其中多藻玉[2]。多白蛇[3]。

又西一百七十里，曰数历之山。其上多黄金，其下

多银。其木多杻、橿，其鸟多鸚鴟。楚水出焉，而南流注于渭，其中多白珠。

[注释]

1 河：古代单称“河”或“河水”而不贯名的，大多专指黄河。

2 藻玉：一种带有色彩纹理的玉石。

3 白蛇：此处指一种蛇身呈白色的水蛇。

[译文]

《西次二经》所记述的西部山系第二列山脉的第一座山，名叫钤山。这山上蕴藏着丰富的铜，山下有很多玉石，山中多杻树和橿树。

从钤山往西二百里，有座山名叫泰冒山。山的南坡蕴藏着丰富的金，山北坡蕴藏着丰富的铁矿石。洛水从这座山中流出，向东流入黄河。浴水中有很多藻玉，还有很多白蛇。

从泰冒山再往西一百七十里，有座山名叫数历山。这山上蕴藏着丰富的金，山下蕴藏着丰富的银。山上的树木多为杻树和橿树。山中的鸟多是鸚鴟。楚水从这山涧流出，再向南流入渭水。楚水中有很多白珠。

又西百五十里，曰高山[1]。其上多银，其下多青

碧[2]、雄黄[3]。其木多棕，其草多竹[4]。泾水出焉，而东流注于渭，其中多磬石、青碧。

西南三百里，曰女床之山。其阳多赤铜，其阴多石涅[5]。其兽多虎、豹、犀、兕。有鸟焉，其状如翟而五采文[6]，名曰鸾鸟[7]，见则天下安宁。

[注释]

1 曰高山：郝懿行云，“《玉篇》引此经作‘商山’。藏经本‘高山’上有‘曰’字”。此处“曰”字，参考藏经本，并据文例增。

2 青碧：青绿色的玉石。

3 雄黄：一种矿石中提取的矿物，古人常用来消毒、杀虫。

4 其草多竹：此处指一种低矮丛生的小竹。郝懿行云：“竹之为物亦草亦木，故此经或称木或称草。”

5 石涅：即石墨，古时用作黑色染料。

6 翟dì：一种长尾山鸡。

7 鸾鸟：传说中的一种吉祥鸟，属于凤凰一类。

[译文]

从数历山再往西一百五十里，有座山名叫高山。这山上蕴藏着丰富的银，山下有很多青玉和雄黄。山中生长的树木主要是棕树，山中的草本多为楠竹。泾水从山涧流出，再向东流入渭河。泾水中有很多磬石和青玉。

从高山往西南三百里，有座山名叫女床山。这山的南坡蕴藏着丰富的赤铜矿石，北坡有许多石墨。山中的野兽多为虎、豹、犀牛和兕。山中有一种鸟，它的形状像长尾雉，羽毛有五彩花纹，名叫鸾鸟。这种鸟一出现，那么天下就会安宁。

又西二百里，曰龙首之山，其阳多黄金，其阴多铁。苕水出焉[1]，东南流注于泾水，其中多美玉。

［注释］

1 苕水：水名。在今陕西境内。与《南山经》中的苕水不同。

［译文］

再往西二百里，有座龙首山，山的南边黄金储量丰富，山的北边蕴藏着丰富的铁。苕水就从此山发源，之后向东南注入泾水，泾水中有很多美玉。

又西二百里，曰鹿台之山，其上多白玉，其下多银，其兽多㸲牛、羬羊、白豪[1]。有鸟焉，其状如雄鸡而

人面，名曰凫徯[2]，其鸣自叫也，见则有兵。

[注释]

1 犞zuó牛：一种体形硕大的牛。羬qián羊：古代传说中的兽名。白豪：白色的箭猪。

2 凫徯xī：传说中的鸟名。

[译文]

再往西二百里，有座鹿台山，山上白玉产量很大，山下银储量丰富，山里的野兽以牛、羬羊和白色的箭猪为多。山里有种鸟，形状像雄鸡，却有人一样的面孔，名字叫凫徯，它的叫声就是自己的名字，它如果出现，就会有战争发生。

西南二百里，曰鸟危之山，其阳多磬石，其阴多檀楮[1]，其中多女床[2]。鸟危之水出焉，西流注于赤水[3]，其中多丹粟。

[注释]

1 檀：檀树，古书中称檀的木很多，常指豆科的黄檀、紫檀，榆科的青檀，用于制作家具。楮：即楮树，叶似桑，皮可以造纸。

2 女床：指女肠草。

3 赤水：古代神话传说中的水名。

［译文］

由鹿台山再往西南二百里有座山，名叫鸟危山。这座山的南坡有很多可作乐器用的磬石，北坡生长有很多檀香树和楮树。山上还有很多女肠草。鸟危水就发源于这座山，从山涧流出后便向西流入赤水。鸟危山中有很多细丹砂。

又西四百里，曰小次之山，其上多白玉，其下多赤铜。有兽焉，其状如猿而白首赤足，名曰朱厌[1]，见则大兵。

［注释］

1 朱厌：传说中的兽名。

［译文］

由鸟危山再往西四百里有座山，名叫小次山。这座山的上半部分有很多白色的玉石，下半部分蕴藏有丰富的黄铜。这座山上有一种野兽，身形像猿猴，脑袋是白色的，脚是红色的，名叫朱厌。这种野兽一出现，天下就要有大战乱了。

又西三百里，曰大次之山，其阳多垩[1]，其阴多碧[2]，其兽多牸羊、麢羊。

[注释]

1 垩：白色土，可用来粉饰墙壁。

2 碧：青绿色的玉石。

[译文]

由小次山再往西三百里有座山，名叫大次山。山的南坡有很多白色土，北坡有很多青绿色玉。山上的野兽主要是牸牛和羚羊。

又西四百里，曰薰吴之山，无草木，多金玉。

[译文]

再向西四百里，有座薰吴山，山上没有花草树木，但蕴藏着丰富的金属矿石和玉石。

又西四百里，曰厎阳之山，其木多稷[1]、楠、豫章[2]，其兽多犀、兕、虎、犳、牸牛。

[注释]

1 樱：即水松，有刺。

2 豫章：古人说就是樟树，也叫香樟，常绿乔木，有樟脑香气。

[译文]

再向西四百里，有座底阳山，山中的树木大多是水松树、楠树、樟树，而野兽大多是犀牛、兕、老虎、犳、牸牛。

又西二百五十里，曰众兽之山，其上多㻬琈之玉，其下多檀楮，多黄金，其兽多犀兕。

[译文]

再向西二百五十里，有座众兽山，山上遍布㻬琈玉，山下到处是檀树和构树，蕴藏着丰富的黄金，山中的野兽多为犀牛、兕。

又西五百里，曰皇人之山，其上多金玉，其下多青[1]、雄黄。皇水出焉，西流注于赤水，其中多丹粟。

[注释]

1 青：这里指石青，一种矿物，可以制作蓝色染料。

[译文]

再向西五百里，有座皇人山，山上蕴藏着丰富的金属矿石和玉石，山下多产石青、雄黄。这里是皇水的源头，向西注入赤水，水中有很多粟粒大小的丹砂。

又西三百里，曰中皇之山，其上多黄金，其下多蕙棠[1]。

[注释]

1 棠：指棠梨树，结的果实似梨，但略小，可以吃，味道甜酸。

[译文]

又向西三百里，有座中皇山，山上蕴藏着丰富的黄金，山下生长着很多蕙兰、棠梨树。

又西三百五十里，曰西皇之山，其阳多金，其阴多铁，其兽多麋、鹿、㸲牛[1]。

［注释］

1 麋：即麋鹿，毛色淡褐，背部较浓，腹部较浅，雄性有角。因它的角像鹿角，头像马头，身子像驴身，蹄子像牛蹄，但又不全像以上四种动物的一种，所以古人又称其“四不像”。

［译文］

再往西三百五十里，有座西皇山，山南面多出产金，山北面多出产铁，山中的野兽以麋、鹿、㸲牛居多。

又西三百五十里，曰莱山，其木多檀楮，其鸟多罗罗，是食人。

［译文］

再往西三百五十里，有座莱山，山中的树木大多是檀树和构树，而禽鸟大多是罗罗鸟，是能吃人的。

凡西次二经之首，自钤山至于莱山，凡十七山，四千一百四十里。其十神者，皆人面而马身。其七神皆人面牛身，四足而一臂，操杖以行，是为飞兽之神。其祠之：毛用少牢[1]，白菅为席，其十辈神者，其祠之：毛一雄鸡，钤而不糈，毛采。

[注释]

1 毛：指毛物，就是祭神所用的猪、鸡、狗、羊、牛等畜禽。少牢：古代称祭祀用猪和羊。

[译文]

总计西方第二列山系之首尾，自钤山起到莱山止，一共十七座山，途经四千一百四十里。其中十座山的山神，都是人的面孔而马的身子。还有七座山的山神都是人的面孔而牛的身子，四只脚和一条臂，扶着拐杖行走，这就是所谓的飞兽之神。祭祀这七位山神：在毛物中用猪、羊作祭品，将其放在白茅草席上。另外那十位山神，祭祀的典礼：在毛物中用一只公鸡，祭祀神时不用精米作祭品，毛物的颜色要杂而不必纯一。

西次三经之首，曰崇吾之山，在河之南，北望冢遂，南望䍃之泽，西望帝之搏兽之丘，东望嫣渊。有木焉，员叶而白柎[1]，赤华而黑理，其实如枳[2]，食之宜子孙。有兽焉，其状如禺而文臂，豹虎而善投，名曰举父。有鸟焉，其状如凫，而一翼一目，相得乃飞，名曰蛮蛮，见则天下大水。

[注释]

1 员：通“圆”。柎fū：指花萼。

2 枳zhǐ：小乔木，茎上有刺，白花，浆果，味酸苦，又叫枸橘。

[译文]

西方第三列山系的开始有座崇吾山，在黄河的南岸，站在山巅，向北可以看到冢遂山，向南可以看到䍃泽，向西可以看到天帝的搏兽丘，向东可以看到螞渊。山中有一种树木，叶子是圆的，花萼是白色的，开着红色的花，花瓣上的纹理是黑色的，结的果实就像枳，人吃了它可以多子多孙。山中还有一种野兽，它的形状就像猴子，臂上长着斑纹，力量似豹虎，而善于投掷，它的名字叫举父。有一种鸟，形状像野鸭一样，但只长着一个翅膀和一只眼睛，两只鸟互相配合才能飞翔，它的名字叫蛮蛮，它一出现天下就会发生大水灾。

西北三百里，曰长沙之山。泚水出焉，北流注于泑水，无草木，多青、雄黄。

[译文]

由崇吾山往西北三百里有座山，名叫长沙山。泚水就发源于这座山，流出山涧后便向北流入泑水。这座山上寸草不生，地下蕴藏有丰富的石青和雄黄。

又西北三百七十里，曰不周之山[1]。北望诸毗之山，临彼岳崇之山，东望泑泽，河水所潜也，其原浑浑泡泡[2]。爰有嘉果[3]，其实如桃，其叶如枣，黄华而赤柎，食之不劳。

［注释］

1 不周之山：即不周山。古代传说中的山名，据说在昆仑山西北，传说共工与颛顼在此争帝位。

2 源：指水源、源头。浑浑泡泡：大水涌流之貌，或者指水喷涌之声。

3 嘉果：美味的果实。

［译文］

由长沙山往西北三百七十里有座山，名叫不周山。在这座山上，可向北远眺诸毗山和岳崇山，向东可远眺泑泽，泑泽是黄河潜入地下流出而形成的，那从地下流出的水如喷泉涌出一样。这座山上还有一种很好吃的果子，果实似桃，叶子似枣树叶，花朵是黄色的，花萼是红色的。人吃了这种果子就不会感到疲劳。

又西北四百二十里，曰峚山，其上多丹木，员叶而赤茎，黄华而赤实，其味如饴，食之不饥。丹水出焉，西流注于稷泽[1]，其中多白玉。是有玉膏，其原沸沸汤汤[2]，黄帝是食是飨[3]。是生玄玉[4]。玉膏所出，以灌丹木，丹木五岁，五色乃清，五味乃馨[5]。黄帝乃取峚山之玉荣[6]，而投之钟山之阳。瑾瑜之玉为良[7]，坚栗精密，浊泽有而光。五色发作，以和柔刚。天地鬼神，是食是飨；君子服之，以御不祥。自峚山至于钟山，四百六十里，其间尽泽也。是多奇鸟、怪兽、奇鱼，皆异物焉。

［注释］

1 稷泽：河泽名。传说古代后稷曾用此水使民耕种，故称。

2 沸沸汤汤：水流喷涌的样子。

3 飨：通“享”，享用。

4 玄玉：黑色的玉。

5 馨：芬芳，芳香。

6 玉荣：玉花。

7 瑾：美玉。

［译文］

由不周山再往西北四百二十里有座山，名叫峚山。这座山上生长的树种主要是丹树。丹树叶子是圆的，茎是红色的，开出的花朵是黄色的，结的果实是红色的，果实的味道像糖稀一样甜，吃了这种果子可以充饥。丹水就发源在这座山，从山涧流出后便向西南流去，最终流入稷泽。丹水中有很多白色的玉石。这里有玉膏，它的源头处是喷涌而出的。黄帝爱吃这里的玉膏。这里的玉膏还会生成黑色的玉石。玉膏流出后，便流灌丹树。这种丹树生长五年，便能开出五色俱全的花朵，有五种芳香气味。黄帝还采取这座山上的玉的精华，种在钟山的南坡，便生成瑾和瑜这两种上等美玉。这两种美玉坚硬而纹理细致，润厚而富有光泽，五彩辉映，刚柔相济。天地鬼神都用这种东西补给精华，君子佩戴它可以防御不祥之事。从峚山到钟山，相距四百六十里，两山之间都是水泽。这里生长有很多奇异的鸟、怪异的兽，还有奇异的鱼，都是世间少有的动物。

又西北四百二十里，曰钟山，其子曰鼓，其状人面而龙身，是与钦䲹杀葆江于昆仑之阳[1]，帝乃戮之钟山之东曰䍃崖[2]。钦䲹化为大鹗[3]，其状如雕，而黑文白首，赤喙而虎爪，其音如晨鹄[4]，见则有大兵。鼓亦化为鵕鸟[5]，其状如鸱，赤足而直喙，黄文而白首，其音如鹄，见则其邑大旱[6]。

［注释］

1 钦䲹pí：古代神话中的神名。葆江：亦神名。

2 峣yáo崖：地名。

3 鹗è：俗称鱼鹰，驯养之后可以用来捕鱼。

4 晨鹄hú：鹗鹰一类的鸟。

5 鵕jùn：传说中的鸟名。

6 邑：人们聚居的地方，大曰都，小曰邑。

［译文］

再往西北四百二十里，有座钟山，钟山山神的儿子叫鼓，鼓有一张人的脸，长着龙的身体，他曾和钦䲹神同谋，在昆仑山南面杀死天神葆江。天帝知道后，将鼓与钦䲹杀死在钟山东边的崖。钦䲹化为一只大鹗，样子像雕，有黑色的斑纹和白色的脑袋，红色的嘴巴和老虎一般的爪子，发出的叫声像晨鹄的鸣叫，它一出现就会有大的战争；鼓也变化为鵕鸟，这鸟的形状像鹞鹰，有红色的脚和直直的喙，身上有黄色的斑纹，脑袋是白色的，它的叫声和鸿鹄的叫声差不多，它在哪里出现，哪里就会有旱灾。

又西百八十里，曰泰器之山，观水出焉，西流注于流沙[1]。是多文鳐鱼[2]，状如鲤鱼，鱼身而鸟翼，苍文而白首赤喙，常行西海，游于东海[3]，以夜飞。其音如鸾

鸡[4]，其味酸甘，食之已狂，见则天下大穰[5]。

[注释]

1 流沙：古地名。当在今内蒙古西部与甘肃西北部一带。

2 文鳐yáo鱼：鱼名。

3 海：这里指河或湖。古时塞北称大河为海。

4 鸾鸡：传说中的鸟类。

5 穰ráng：庄稼丰收。

[译文]

再往西一百八十里，有座泰器山，观水就从这山发源，之后向西注入流沙。观水里有很多文鳐鱼，这鱼像鲤鱼，却有鱼的身子和鸟的翅膀，它的身上有青色的斑纹，长着白色的脑袋和红色的嘴巴，常常从西海巡游到东海，夜间飞行。它发出的声音就像鸾鸡的鸣叫，它的肉酸中带甜，吃了可以治疯癫病，它如果出现，天下一定会五谷丰登。

又西三百二十里，曰槐江之山。丘时之水出焉，而北流注于泑水。其中多蠃母[1]，其上多青、雄黄，多藏琅玕[2]、黄金、玉，其阳多丹粟，其阴多采黄金银。实惟帝之平圃[3]，神英招司之，其状马身而人面，虎文而鸟翼，

徇于四海[4]，其音如榴[5]。南望昆仑，其光熊熊，其气魂魂。西望大泽[6]，后稷所潜也。其中多玉，其阴多榣木之有若[7]。北望诸毗，槐鬼离仑居之，鹰鹯之所宅也[8]。东望恒山四成，有穷鬼居之，各在一搏抟。爰有瑶水，其清洛洛。有天神焉，其状如牛而八足、二首、马尾，其音如勃皇，见则其邑有兵。

［注释］

1 蠃luó母：亦作螺母，一种贝壳类小动物。

2 琅玕gān：一种似珠玉的矿石。

3 平圃：即玄圃，古代神话传说中的仙境。

4 徇：巡视。

5 榴：郝懿行云："疑此经'榴'当为'擂'。《说文》云，'擂，引也。'《庄子》云：'挈水若抽。'抽，即擂字。"

6 大泽：相传为后稷葬身的地方。古代传说中，后稷天生聪慧，到他死时，即化形而遁于大泽成为神。

7 榣木：一种高大的树木。若：若树，古代传说中一种神奇而有灵性的大树。

8 鹯zhān：鸟名。即晨风，鹞鹰一类的鸟。

[译文]

从泰器山再往西三百二十里，有座山名叫槐江山。丘时水从这山中流出，再向北流入泑水。丘时水中有很多螺母。槐江山上有很多石青和雄黄石，还蕴藏着丰富的琅玕石、黄金矿石和玉石。这座山的南坡有很多细丹砂，山的北坡有很多五颜六色的金矿石和银矿石。这里实际上就是黄帝的玄圃，由一位名叫英招的神看管这地方。英招神身形似马，有人一样的面孔，周身有虎一样的斑纹，还长着鸟的翅膀。英招神经常遨游四海。它的声音像辘轳抽水的声音一样。站在槐江山上，向南可远眺昆仑山，那里云蒸霞蔚，仙气缭绕；往西可远眺大泽，那里有后稷葬身的地方。山中有很多玉石，山的北坡有很多长在榣木上的若木。往北可以眺望诸山，槐鬼离仑神就住在这座山上，鹰鹯也在这里栖息。往东可远眺恒山，能明显看见恒山有四重，有穷鬼就住在这座山上，群鬼各以类聚，居住在不同的山洼中。槐江山上还有一个瑶池，池水碧波荡漾。有天神在这里守护，这天神身形似牛，但长着八条腿、两个头和马尾巴。天神的吼叫声像勃皇。天神出现在哪个地方，哪个地域就将有兵荒马乱之灾。

西南四百里，曰昆仑之丘[1]，是实惟帝之下都[2]，神陆吾司之。其神状虎身而九尾，人面而虎爪。是神也，司天之九部及帝之囿时[3]。有兽焉，其状如羊而四角，

名曰土蝼，是食人。有鸟焉，其状如蜂，大如鸳鸯，名曰钦原。蠚鸟兽则死[4]，蠚木则枯。有鸟焉，其名曰鹑鸟[5]，是司帝之百服。有木焉，其状如棠，黄华赤实，其味如李而无核，名曰沙棠，可以御水，食之使人不溺。有草焉，名曰蓍草[6]，其状如葵，其味如葱，食之已劳。河水出焉，而南流东注于无达。赤水出焉，而东南流注于泛天之水。洋水出焉，而西南流注于丑涂之水。黑水出焉，而西流注于大杅。是多怪鸟兽。

又西三百七十里，曰乐游之山。桃水出焉，西流注于稷泽，是多白玉。其中多鳛鱼[7]，其状如蛇而四足，是食鱼。

［注释］

1 昆仑之丘：即昆仑山。

2 帝之下都：郭璞注云："天帝都邑之在下者也。"天帝，指黄帝。

3 九部：古代传说中九域之部界。帝之囿时：按郭璞注，当指天帝苑圃之时节。据郝懿行云："'囿时'之'时'疑读为'畤'。"畤zhì，古代祭天地五帝的固定处所。

4 蠚hē，又音ruò：蜂及蝎等虫类刺、咬。

5 鹑鸟：古代传说中凤凰一类的吉祥鸟。与上文所述鹑鸟（鹌鹑）不是一种鸟。

6 蕒pín草：亦称“赖草”，禾木科，多年生草本植物。郝懿行云：“《文选》注陆机《拟古诗》十二首引此经文引字书曰：‘蕒’亦‘蘋’字也。”蘋píng，亦称“四叶菜”“田字草”，蕨类植物，蘋科。多年生浅水草本。

7 鳋huá鱼：古代传说中一种能发光的飞鱼。

[译文]

从槐江山往西南四百里，有座山名叫昆仑山。据说这里是天帝在下界的都邑，由陆吾神掌管。陆吾神身形似虎，但长着九条尾巴，面孔似人，脚似虎爪。这个陆吾神，主管天界九域的部界及天帝苑圃的时节。昆仑山中有一种兽，它身形似羊，但长着四只角，名叫土蝼，它是吃人的野兽。昆仑山中有一种鸟，它身形似蜂，但大小如鸳鸯。这种鸟名叫钦原，它蜇了鸟、兽，鸟、兽便会死去；蜇了树木，树木便会干枯。山林中还有一种鸟，名叫鹑鸟，它主管天帝的服饰。昆仑山中还有一种树木，它的形状似棠树，开黄色的花，结红色的果实，果实味道像李子，但没有果核。这种树木名叫沙棠，可用它来抗御洪水。吃了它的果实，可使人不溺水。山上长有一种草，名叫蕒草，它形似山葵，味如山葱，吃了它可以消除疲劳。黄河水从昆仑山流出，向南流去，再向东汇入无达。赤水也从昆仑山流出，再向东南流去，汇入泛天水。洋河水也从昆仑山流出，再向南流入丑涂水。黑水也从昆仑山流出，再向西流入大杅。昆仑山上还有很多奇鸟和怪兽。

从昆仑山再往西三百七十里，有座山名叫乐游山。桃水从山中流出，再向西流入稷泽。桃水中有很多白色玉石，还有很多鲭鱼，这种鱼身形像蛇，却有四只脚，它会吃别的鱼类。

西水行四百里，曰流沙，二百里至于蠃母之山，神长乘司之，是天之九德也[1]。其神状如人而犳尾[2]。其上多玉，其下多青石而无水。

[注释]

1 九德：古谓贤人所具备的九种优良品格。

2 犳：传说中的动物名，类似于豹子。

[译文]

由乐游山再往西走四百里水路来到流沙，再走二百里，就到了蠃母山。这座山是由长乘神管理的地方。长乘神是天的九德之气生成的。他形似人，但长着一条犳尾。蠃母山山顶有很多玉石，山脚有很多青色的石头，山下没有水。

又西三百五十里，曰玉山[1]，是西王母所居也[2]。西王母其状如人，豹尾虎齿而善啸[3]，蓬发戴胜[4]，是司天之厉及五残[5]。有兽焉，其状如犬而豹文，其角如牛，其名曰狡，其音如吠犬，见则其国大穰。有鸟焉，其状如翟而赤，名曰胜遇，是食鱼，其音如录，见则其国大水。

[注释]

1 玉山：传说为西王母所居处，相传这座山玉石遍布，因而得名。

2 西王母：中国神话中的女神。也称“金母”，俗称“王母娘娘”。

3 啸：撮口作声，打口哨。

4 胜：指玉胜，古时用玉制成的一种发饰。

5 厉：灾祸，瘟疫。五残：星名，古代以为是凶星，这里指五刑残杀。

[译文]

由蠃母山再往西三百五十里有座山，名叫玉山。玉山是西王母的住处。西王母身形是人，但长着豹尾、虎齿，不时发出长啸，披散着头发，佩带着玉胜。她主管天界的灾祸、五刑残杀等事。玉山上有一种兽，身形似犬，但周身都是豹皮花斑，头上长着一对牛角。它的名字叫狡。它的吼叫声似犬吠。这种兽出现在哪里，就预示着那个国家将丰收。玉山上有一种鸟，形状似长尾雉，但周身鸟毛是红色的。这种鸟名叫胜遇。胜遇是以吃鱼为生的鸟。它的鸣叫声像鹿鸣。它一旦出现在哪里，就预示那个国家将有严重洪水出现。

又西四百八十里，曰轩辕之丘[1]，无草木。洵水出焉，南流注于黑水，其中多丹粟，多青、雄黄。

[注释]

1 轩辕之丘：相传黄帝曾居此，娶西陵氏之女为妻，号轩辕氏。

[译文]

再往西四百八十里，有座轩辕丘，这座山里不长草木。洵水就从轩辕丘发源，之后向南注入黑水，其水域有很多粟米粒大小的丹砂，也有大量的石青和雄黄。

又西三百里，曰积石之山，其下有石门，河水冒以西流。是山也，万物无不有焉。

［译文］

再往西三百里，有座积石山，山下有一道石门，黄河水漫过这道石门向西南边流去。世间万物在积石山上一应俱全。

又西二百里，曰长留之山，其神白帝少昊居之[1]。其兽皆文尾，其鸟皆文首。是多文玉石。实惟员神磈氏之宫[2]。是神也，主司反景[3]。

［注释］

1 少昊：金天氏帝挚之号也。

2 磈wěi氏：传说中的神名。

3 反景yǐng：景，同“影”。把中午之前指向西方的影子反拨向东方。

［译文］

再往西二百里，有座长留山，白帝少昊就居住在这座山里。山中的野兽尾巴上都有花纹，鸟类都是脑袋上都有花纹。山上出产大量的有彩色花纹的玉石。这山也是员神磈氏的行宫。这个神掌管太阳西沉时把影子折向东方。

又西二百八十里，曰章莪之山，无草木，多瑶、碧[1]。所为甚怪。有兽焉，其状如赤豹，五尾一角，其音如击石，其名如狰。有鸟焉，其状如鹤，一足，赤文青质而白喙，名曰毕方[2]，其鸣自叫也，见则其邑有讹火[3]。

［注释］

1 瑶、碧：瑶与碧皆为玉石。

2 毕方：上古异兽，传说黄帝赐其为火神。

3 讹火：怪火。

［译文］

再向西二百八十里是章莪山，山上不长草木，多产瑶与碧一类的玉石。山中经常出现一些很奇怪的现象。山中有一种野兽，它的形状像红色的豹子，生着五条尾巴，一个角，发出的声音如同敲击石头，它的名字叫如狰。还有一种鸟，它的形状像鹤，一只脚，红色的斑纹，青色的身子，白色的嘴壳，名叫毕方，它的叫声就像呼叫自己的名字，它一出现，当地就会发生怪火。

又西三百里，曰阴山。浊浴之水出焉，而南流注于蕃泽，其中多文贝。有兽焉。其状如狸而白首，名曰天

狗，其音如榴榴，可以御凶。

[译文]

再往西三百里，有座阴山。浊浴水从这座山发源，然后向南流入蕃泽，水中有很多五彩斑斓的贝壳。山中有一种野兽，形状像野猫却是白脑袋，名称是天狗，它发出的叫声与“榴榴”的读音相似，人饲养它可以辟凶邪之气。

又西二百里，曰符惕之山，其上多棕楠，下多金玉。神江疑居之。是山也，多怪雨，风云之所出也。

[译文]

再往西二百里，是座符惕山，山上到处是棕树和楠树，山下有丰富的金属矿石和玉石。一个叫江疑的神居住于此。这座符惕山，常常落下怪异之雨，风和云也从这里兴起。

又西二百二十里，曰三危之山，三青鸟居之[1]。是山也，广员百里。其上有兽焉，其状如牛，白身四角，其豪如披蓑[2]，其名曰獓㧹，是食人。有鸟焉，一首而三身，其状如鸈[3]，其名曰鸱。

[注释]

1 三青鸟：神话传说中的鸟，专为西王母取送食物。

2 豪：豪猪身上的刺。这里指长而刚硬的毛。蓑：遮雨用的草衣。

3 鸱：与雕鹰相似的鸟，黑色斑纹，红色脖颈。

[译文]

再往西二百二十里，有座三危山，三青鸟栖息在这里。这座三危山，方圆百里。山上有一种野兽，形状像普通的牛，却长着白色的身子和四只角，身上的硬毛又长又密，好像披着蓑衣，名称是獓㹹，是能吃人的。山中还有一种禽鸟，长着一个脑袋却有三个身子，形状与鸟很相似，名称是鸱。

又西一百九十里，曰騩山[1]。其上多玉而无石。神耆童居之[2]，其音常如钟磬[3]。其下多积蛇。

又西三百五十里，曰天山。多金、玉，有青、雄黄。英水出焉，而西南流注于汤谷。有神焉，其状如黄囊[4]，赤如丹火，六足四翼，浑敦无面目[5]，是识歌舞，实为帝江也[6]。

［注释］

1 騩guī山：古山名。

2 耆qí童：即老童。古代传说中上古帝王颛顼的儿子。

3 磬qìng：古代一种敲击乐器，用特殊的石头或玉石精制而成。

4 囊：袋子，口袋。

5 浑hùn敦：同“浑沌dùn”。此处指浑然模糊貌。

6 帝江hóng：即帝鸿氏，古代神话传说中的黄帝。

［译文］

从三危山再往西一百九十里，有座山名叫騩山。这座山上有很多玉石，但没有普通的石头。耆童就住在这里，他发出的声音常常像钟磬之音。这座山下到处是一堆一堆的蛇。

从騩山再往西三百五十里，有座山名叫天山。天山上有很多金矿石和玉石，还有很多石青和雄黄石。英水从这座山中流出，再向西南流入汤谷。天山中有一位神，他的身形似黄色的口袋，皮肤似火一样红，长有六只脚和四只翅膀，浑浑沌沌看不清他的面目，他能歌善舞，实际上他就是帝江。

又西二百九十里，曰泑山，神蓐收居之[1]。其上多婴短之玉[2]，其阳多瑾瑜之玉，其阴多青、雄黄。是山也，西望日之所入，其气员，神红光之所司也[3]。

［注释］

1 蓐收：古人认为它就是金神，长着人面，虎爪子，白色毛皮，拿着钺，管理太阳的降落。

2 婴短之玉：也叫婴垣之玉。“垣”“短”可能都是“脰”之误。而婴脰之玉，就是可制作脖颈饰品的玉石。婴，环绕。脰，颈项。

3 红光：就是蓐收。

［译文］

再向西二百九十里，有座泑山，天神蓐收居住在这里。山上盛产一种可用来作为颈饰的玉石，山南面到处是瑾、瑜一类美玉，而山北面到处是石青、雄黄。站在这座山上，向西可以望见太阳落山的情景，那种气象雄浑，由天神红光所掌管。

西水行百里，至于翼望之山，无草木，多金玉。有兽焉，其状如狸，一目而三尾，名曰讙，其音如夺百声[1]，是可以御凶，服之已瘅[2]。有鸟焉，其状如乌，三首六尾而善笑，名曰䳜鵸，服之使人不厌[3]，又可以御凶。

[注释]

1 夺：竞取，争取。这里是超出，压倒的意思。

2 瘅：通“疸”，即黄疸病。

3 厌：通“魇”，梦中遇可怕的事而呻吟、惊叫。

[译文]

向西行一百里水路，便到了翼望山，山上没有花草树木，到处是金属矿石和玉石。山中有一种野兽，长得像一般的野猫，只长着一只眼睛却是三条尾巴，叫作讙，发出的声音好像能赛过一百种动物的鸣叫，饲养它可以辟凶邪之气，人吃了它的肉就能治好黄疸病。山中还有一种禽鸟，长得像普通的乌鸦，却长着三个脑袋、六条尾巴，并且喜欢笑，叫作鵸䳜，吃了它的肉就能使人不做噩梦，还可以辟凶邪之气。

凡西次三山之首，自崇吾之山至于翼望之山，凡二十二山，六千七百四十四里。其神状皆羊身人面。其祠之礼：用一吉玉瘗[1]，糈用稷米[2]。

[注释]

1 吉玉：玉有纹彩者。瘗yì：埋。

2 糈xǔ：祭神用的精米。稷jì：即粟，谷子，是古代主要的粮食品种。

[译文]

西方第三列山系，从崇吾山起到翼望山止，一共二十三座山，途经六千七百四十四里。诸山山神都是羊的身子、人的面孔。祭祀山神的礼仪：将祀神的吉玉埋入地下，祀神的精米用稷米。

西次四经之首，曰阴山，上多榖，无石，其草多茆、蕃[1]。阴水出焉，西流注于洛。

[注释]

1 茆mǎo、蕃fán：茆即莼菜，也叫凫葵，一种漂浮植物。蕃，通“薠”，草名。

[译文]

西方第四列山系的第一座叫阴山，山上生长着很多构树，但没有石头，山里的草以莼菜、蕃草为多。阴水就从这山发源，之后向西流注入洛水。

北五十里，曰劳山，多茈草[1]。弱水出焉，而西流注于洛。

［注释］

1 茈zǐ草：即紫草，可以做紫色染料。茈，通“紫”。

［译文］

往北五十里，有座劳山，山上有很多紫草。弱水就从这山发源，之后向西流注入洛水。

西五十里，曰罴谷之山，洱水出焉[1]，而西流注于洛，其中多茈、碧。

［注释］

1 洱水：古水名。源出今河南省内乡县熊耳山。

［译文］

由劳山再往西五十里有座山，名叫罴谷山。洱水就发源于这座山，流出山涧后转向西南汇入北洛河。山中有很多紫石和碧玉。

北七十里，曰申山，其上多穀柞，其下多杻橿，其阳多金玉。区水出焉，而东流注于河。

[译文]

由罢谷山再往北七十里有座山，名叫申山。申山的山顶生长着构树和柞树，山脚生长的树种主要是杻树和橿树。申山的南坡蕴藏有丰富的金属矿石和玉石。区水就源于这座山，流出山涧后便往东流入黄河。

北二百里，曰鸟山，其上多桑[1]，其下多楮，其阴多铁，其阳多玉。辱水出焉，而东流注于河。

[注释]

1 桑：即桑树，桑属落叶乔木。

[译文]

由申山再往北二百里有座山，名叫鸟山。这座山的山顶生长的树种主要是桑树，山脚生长的树种主要是楮树。这座山的北坡蕴藏有丰富的铁矿石，南坡有很多的玉石。辱水就发源于这座山，从山涧流出后便向东流入黄河。

又北百二十里，曰上申之山，上无草木，而多硌石[1]，下多榛楛[2]，兽多白鹿[3]。其鸟多当扈[4]，其状如雉[5]，以其髯飞[6]，食之不眴目[7]。汤水出焉，东流注于河。

［注释］

1 硌石：大石头。

2 榛：落叶灌木或小乔木。早春先开花后生叶，花黄褐色，雌雄同株，果实叫“榛子”，近球形，果皮坚硬，果仁可吃或榨油，木材可做器物。楛：木名，形似荆而赤茎似蓍，材质粗劣。榛楛泛指丛生的杂木。

3 白鹿：白色的鹿。古时以为祥瑞。

4 当扈：传说中的鸟名。

5 雉：野鸡。雄鸟尾长，羽毛鲜艳美丽。雌的尾短，羽毛黄褐色，体较小。善走而不能久飞。肉可吃，羽毛可做装饰品。

6 髯：两颊上的长须。

7 眴目：即眨眼。

［译文］

由鸟山再往北一百二十里有座山，名叫上申山。这座山寸草不生，遍地都是大石头，山坡下生长有很多榛树和楛树。在山坡下出没的野兽主要是白鹿。山上生长的鸟类主要是当扈鸟。当扈鸟的形状像野鸡，它能靠自己颈下的须髯飞翔。有目眩症的人吃了这种鸟的肉可以痊愈。汤水就发源于上申山，流出山涧后便向东流入黄河。

又北百八十里，曰诸次之山。诸次之水出焉，而东流注于河。是山也，多木无草，鸟兽莫居，是多众蛇。

又北百八十里，曰号山。其木多漆[1]、棕，其草多药[2]、虈[3]、芎䓖[4]。多汵石[5]。端水出焉，而东流注于河。

又北二百二十里，曰盂山。其阴多铁，其阳多铜。其兽多白狼、白虎，其鸟多白雉、白翟[6]。生水出焉，而东流注于河。

［注释］

1 漆：这里指漆树。落叶乔木。其树干中有丰富的汁液，可以用来制作涂料。

2 药：白芷的别称。其根称白芷，叶子称药，统称白芷。

3 虈xiāo：香草名。

4 芎xiōng䓖qióng：即川芎。多年生草本植物。中医学上以干燥根状茎入药，性温、味辛，有活血、调经、祛风、止痛等功能，主要用于治疗月经不调、头痛、风湿痹痛等症。

5 汵gàn石：一种石质柔软的石头，又称云泥石。

6 白翟：鸟名。郭璞注：“或作‘白翠’。”郝懿行云：“《经》‘白翟’当为‘白翠’。”

[译文]

从上申山再往北一百八十里，有座山名叫诸次山。诸次水从这山中流出，再向东流入黄河。这座山，山上生长有很多树木，没有草，鸟、兽都不在这山中栖居，因此这里有许多各类品种的蛇。

从诸次山再往北一百八十里，有座山名叫号山。号山上生长的树木多为漆树、棕树，生长的草主要是白芷、虈草、川芎。山上有很多云泥石。端水从这山中流出，再向东汇入黄河。

从号山再往北二百二十里，有座山名叫盂山。山的北坡蕴藏着丰富的铁矿石，山的南坡蕴藏着丰富的铜矿石。山中的野兽多为白狼和白虎，鸟类主要有白色的野鸡和白色的翠鸟。生水从这山中流出，再向东流入黄河。

西二百五十里，曰白於之山，上多松、柏，下多栎檀，其兽多㸲牛、羬羊，其鸟多鸮。洛水出于其阳，而东流注于渭；夹水出于其阴，东流注于生水。

[译文]

再向西二百五十里，有座白於山。山上生长着茂密的松树和柏树，山下生长着茂密的栎树和檀树。山下生活的众多野兽中，以㸲牛、羬羊最多；山上生活的鸟中，以鸮鸟最多。此外洛水发源于山的南麓，向东流去，注入渭水；夹水发源于山的北麓，向东流去，注入生水。

西北三百里，曰申首之山，无草木，冬夏有雪。申水出于其上，潜于其下，是多白玉。

[译文]

再向西北三百里，有座申首山，山上光秃，没有生长树木花草，不论冬季，还是夏季，总是有雪。申水从山上发源，然后流到山下，这一带有着许多精美的白色玉石。

又西五十五里，曰泾谷之山。泾水出焉，东南流注于渭，是多白金、白玉。

[译文]

再向西五十五里的地方，叫作泾谷山。泾水发源于这座山，向东南流去，注入渭水，这里蕴藏着丰富的白金和白玉。

又西百二十里，曰刚山，多柒木[1]，多㻬琈之玉。刚水出焉，北流注于渭。是多神槐[2]，其状人面兽身，一足一手，其音如钦[3]。

又西二百里，至刚山之尾。洛水出焉，而北流注于河。其中多蛮蛮[4]，其状鼠身而鳖首，其音如吠犬。

又西三百五十里，曰英鞮之山[5]。上多漆木，下多金、玉。鸟兽尽白。涴水出焉，而北流注于陵羊之泽。是多冉遗之鱼，鱼身、蛇首、六足，其目如马耳。食之使人不眯[6]，可以御凶。

[注释]

1 柒木：即漆木，漆树。

2 神䰠chì：古代神话传说中的怪兽，属魑魅一类的怪物。

3 钦：“吟”的假借字。

4 蛮蛮：此处“蛮蛮”属于水獭之类的野兽，与上文所述“蛮蛮”系指比翼鸟是不同的动物。

5 英鞮dī：古山名。

6 眯mì：梦魇。

[译文]

从泾谷山再往西一百二十里，有座山名叫刚山。山上有很多漆树，还盛产瑻琈玉。刚水从山涧流出，向北流入渭河。这里有很多神䰠，它身形像兽，但却长着人的面孔，只有一只手和一只脚，它的声音像人呻吟。

从刚山再往西二百里，到达刚山尾端。洛水从山涧流出，再向北流入黄河。山中有很多蛮蛮，它的身形似鼠却长着像鳖一样的头，它的声音像狗的叫声。

从刚山尾再往西三百五十里，有座山名叫英鞮山。山上生长有很多漆树，山下蕴藏着丰富的黄金和玉石。山中的鸟兽都是白色的。涴水从山涧中流出，再向北流入陵羊泽。涴水中有许多冉遗鱼，这种鱼长着鱼身、蛇头，还长有六只脚，它的眼睛形状如同马耳朵。吃了这种鱼可以使人不患梦魇症，还可以防御凶灾。

又西三百里，曰中曲之山，其阳多玉，其阴多雄黄、白玉及金。有兽焉，其状如马而白身黑尾，一角，虎牙爪，音如鼓音，其名曰驳，是食虎豹，可以御兵。有木焉，其状如棠而员叶赤实，实大如木瓜[1]，名曰櫰木，食之多力。

[注释]

1 木瓜：木瓜树所结的果子。这种果树也叫楙树，落叶灌木或乔木，果实在秋季成熟，椭圆形，有香气，可以吃，也可入药。

[译文]

再向西三百里，是座中曲山，山南面盛产玉石，山北面盛产雄黄、白玉和金属矿石。山中有一种野兽，长得像普通的马，却长着白身子和黑尾巴，一只角，有老虎的牙齿和爪子，发出的声音如同击鼓的响声，叫作驳，能吃老虎和豹子，饲养它可以抵御兵器。山中还有一种树木，长得像棠梨，但叶子是圆的并结红色的果实，果实像木瓜大小，叫作櫰木，人吃了它就能增添力气。

又西二百六十里，曰邽山。其上有兽焉，其状如牛，猬毛，名曰穷奇，音如獆[1]狗，是食人。濛水出焉，南流注于洋水，其中多黄贝[2]、蠃鱼，鱼身而鸟翼，音如鸳鸯，见则其邑大水。

[注释]

1 獆：野兽吼叫。

2 黄贝：据古人说是一种甲虫，肉如蝌蚪，但有头尾耳。

[译文]

再向西二百六十里，有座邽山。山上有一种野兽，长得像一般的牛，但全身长着刺猬毛，叫作穷奇，发出的声音如同狗叫，能吃人。濛水从这座山发源，向南流入洋水，水中有很多黄贝；还有一种蠃鱼，长着鱼的身子，却有鸟的翅膀，发出的声音像鸳鸯鸣叫，在哪个地方出现，哪里就会有水灾。

又西二百二十里，曰鸟鼠同穴之山，其上多白虎、白玉。渭水出焉，而东流注于河。其中多鳋鱼，其状如鳣鱼[1]，动则其邑有大兵。滥水出于其西，西流注于汉水，多鴽魮之鱼，其状如覆铫[2]，鸟首而鱼翼鱼尾，音如磬石之声，是生珠玉。

［注释］

1 鳣鱼：一种形体较大的鱼，大的有二三丈长，嘴长在颔下，身体上面有甲，无鳞，肉是黄色的。

2 铫：即吊子，一种有把柄和流嘴的小型烹器。

［译文］

再向西二百二十里，有座鸟鼠同穴山，山上有很多白色的虎、洁白的玉。渭水从这座山发源，然后向东流入黄河，水中生长着许多鳋鱼，长得像一般的鳣鱼，在哪个地方出没，哪里就会有大战发生。滥水从鸟鼠同穴山的西面发源，向西流入汉水，水中有很多鴽魮鱼，长得像反转过来的铫，但长着鸟的脑袋和鱼一样的鳍及尾巴，叫声就像敲击磬石发出的响声，能吐出珠玉。

西南三百六十里，曰崦嵫之山[1]，其上多丹木，其叶如榖，其实大如瓜，赤符而黑理，食之已瘅，可以御火。其阳多龟，其阴多玉。苕水出焉，而西流注于海，其中多砥砺[2]。有兽焉，其状马身而鸟翼，人面蛇尾，是好举人，名曰孰湖。有鸟焉，其状如鸮而人面，蜼身犬尾[3]，其名自号也，见则其邑大旱。

[注释]

1 崦yān嵫zī：山名。在今甘肃天水西境。

2 砥砺：磨石。精者为砥，粗者为砺。

3 蜼wèi：一种长尾猿。

[译文]

西南三百六十里，有座崦嵫山，这座山上有很多的丹树，树的叶子像构树叶，果实有瓜那么大，花萼是红色的，上面带着黑色的纹理，吃了它可以治黄疸病，还可以预防火灾。这山的南边有很多乌龟，山的北边遍布着玉石。苕水就从这山发源，之后向西流注入大海，附近的水里有很多磨刀石。山里有种野兽，形状像马，长着鸟的翅膀，人的面孔，拖着蛇的尾巴，它喜欢把人举起，名字叫孰湖。山里有种鸟，它的形状像猫头鹰，长着人的面孔，猿猴的身体，尾巴像狗，它的叫声就像在呼唤自己的名字，这鸟在哪个地方出现，哪里就会发生严重的旱灾。

凡西次四经自阴山以下，至于崦嵫之山，凡十九山，三千六百八十里。其神祠礼，皆用一白鸡祈，糈以稻米，白菅为席。

[译文]

西方第四列山系，从阴山开始到崦嵫山一共十九座，行经三千六百八十里。祭祀诸山神的礼仪，都是用一只白毛鸡献祭，祭祀的米用稻米，拿白茅草做垫席。

右西经之山，凡七十七山，一万七千五百一十七里。

[译文]

以上就是对西方山系的记录，总计有七十七座山，行经一万七千五百一十七里。

诸犍

卷三　北山经

北山经之首，曰单狐之山，多机木[1]，其上多华草。滏水出焉，而西流注于泑水，其中多茈石、文石[2]。

［注释］

1 机木：即桤木树，落叶乔木，叶长倒卵形，果穗椭圆形，下垂，木质较软，嫩叶可作茶的代用品。

2 茈石：紫色的石头，传说古代曾作为货币使用。文石：带有纹理的石头。

［译文］

北山第一列山系最南端的山，名叫单狐山。这座山上生长着桤木树。山上还有茂密的花草丛。山间有条名叫滏水的溪流流出，向西流入滏水中。滏水中有很多紫色的石头和花纹漂亮的石头。

又北二百五十里，曰求如之山，其上多铜，其下多玉，无草木。滑水出焉，而西流注于诸毗之水。其中多滑鱼[1]。其状如鳝[2]，赤背，其音如梧[3]，食之已疣[4]。其中多水马[5]，其状如马，文臂牛尾，其音如呼。

[注释]

1 滑鱼：即鳝鱼，俗称黄鳝。

2 鳝：即鳝鱼，形状像鳗，体黄褐色有黑斑，无鳞。常潜伏在池塘、小河、稻田等处的泥洞或石缝中。

3 梧：枝梧，犹支吾。说话含混躲闪。

4 疣：皮肤病名，皮肤上长的肉瘤。

5 水马：古代传说中一种生在水中的怪兽。

[译文]

单狐山北邻求如山，相距二百五十里。这座山的山顶蕴藏有丰富的铜，山脚有很多的玉石，草木不生。滑水就发源于这座山，流出山涧后便向西流入诸毗水。滑水中有很多滑鱼。这种鱼的形状就像黄鳝，但背是红色的，不时发出如人支支吾吾的鸣叫声。吃了这种鱼，可以治愈疣疾。滑水中还有很多水马。这种动物身形似马，但四肢长有花纹，尾巴似牛尾，不时还发出如人呼喊的吼叫声。

又北三百里，曰带山，其上多玉，其下多青碧。有兽焉，其状如马，一角有错[1]，其名曰䑏疏，可以辟火。有鸟焉，其状如乌，五采而赤文，名曰鵸䳜，是自为牝牡，食之不疽[2]。彭水出焉，而西流注于芘湖之水，其中多鯈鱼[3]，其状如鸡而赤毛，三尾六足四首，其音如鹊，食之可以已忧。

[注释]

1 错：通“厝cuò”，磨刀的石头。

2 疽：痈疽病。

3 鯈tiáo鱼：一种奇鱼。

[译文]

再向北三百里是带山，山上盛产玉石，山下盛产青石和碧玉。山中有一种兽，它的形状像马，长着一只角，角如粗硬的磨石，它的名字叫䑏疏，可以用它来防避火灾。山中还有一种鸟，形状像乌鸦，长着五彩的羽毛，红色的斑纹，它的名字叫鵸䳜，它自身有雄雌两种性器官，吃了它的肉可以不生痈疽病。彭水发源于这座山，流向西方，注入芘湖水，水中多产鲦鱼，它的形状像鸡，长着红色的毛，三条尾巴，六只脚，四个脑袋，它的叫声像喜鹊，吃了它的肉可以忘掉忧愁。

又北四百里，曰谯明之山。谯水出焉，西流注于河。其中多何罗之鱼，一首而十身，其音如吠犬，食之已痈。有兽焉，其状如貆而赤毫[1]，其音如榴榴，名曰孟槐，可以御凶。是山也，无草木，多青、雄黄。

［注释］

1 貆：豪猪。毫：细毛。

［译文］

再向北四百里，有座谯明山。谯水发源于这座山，向西流去，注入黄河。水中生长着很多何罗鱼，这种鱼长着一个头，却有十个身子，其叫声像狗叫。人们如果吃了这种鱼，便能治好痈肿。山中生长着一种兽，它的形貌像豪猪，却长着红色的毛，它的叫声像辘轳抽水时的声音，它的名字叫孟槐。带着这种兽，可以防止出现意外的凶险。这座山上没有花草树木，但有很多石青、雄黄。

又北三百五十里，曰涿光之山。嚣水出焉，而西流

注于河。其中多鳛鳛之鱼，其状鹊而十翼，鳞皆在羽端，其音如鹊，可以御火，食之不瘅。其上多松柏，其下多棕橿，其兽多麢羊，其鸟多蕃[1]。

[注释]

1 蕃：鹗鸟。也有认为可能是猫头鹰之类的鸟。

[译文]

再向北三百五十里，有座涿光山。嚻水发源于这座山，向西流去，注入黄河。水中生长着许许多多的鳛鳛鱼，形状很像喜鹊，却有十只翅膀，所有的鳞都长在羽翅的尖端，它的叫声也很像喜鹊，人们带着它，可以防止火灾。如果吃了它的肉，可以不害黄疸病。山上生长着茂密的松树和柏树，山下生长着很多棕榈树和橿树。生活在山中的野兽，以羚羊为主，生活在山林的鸟，以鹗鸟最多。

又北三百八十里，曰虢山，其上多漆，其下多桐椐[1]。其阳多玉，其阴多铁。伊水出焉，西流注于河。其兽多橐驼[2]，其鸟多寓[3]，状如鼠而鸟翼，其音如羊，可以御兵[4]。

［注释］

1 椐：椐树，也就是灵寿木，树干上多长着肿节，古人常用来制作拐杖。

2 橐驼：就是骆驼，身上有肉鞍，善于在沙漠中行走，知道水泉所在的地方，背负千斤重物而日行三百里。

3 寓：即蝙蝠之类的小飞禽。

4 御兵：即辟兵。兵在这里是指各种兵器的锋刃。辟兵就是兵器的尖锋利刃不能伤及身体。

［译文］

再向北三百八十里，有座虢山。山上遍布着繁茂的漆树，山下生长着茂盛的梧桐树和椐树（树干有肿节，可以用于制作拐杖）。山向阳的南坡，盛产各色各样的美玉，山背阴的北坡，蕴藏着丰富的铁。伊水发源于这座山，向西流去，注入黄河。山中生活的野兽，最多的是骆驼，山间生活的飞鸟以蝙蝠之类的寓鸟最多，它的形体似鼠，却长着鸟一样的翅膀，它的叫声像羊叫，这种鸟可以防止兵戈之灾。

又北四百里，至于虢山之尾。其上多玉而无石。鱼水出焉，西流注于河，其中多文贝。

又北二百里，曰丹熏之山。其上多樗、柏，其草多韭䪥[1]，多丹雘。熏水出焉，而西流注于棠水。有兽焉，

其状如鼠，而菟首麋身[2]，其音如獆犬，以其尾飞。名曰耳鼠，食之不睬[3]，又可以御百毒。

[注释]

1 韰xiè：同“薤”，也称藠头，一种可食用的野菜，今多人工种植。

2 菟首麋身：郝懿行云：“《初学记》二十九卷引此经‘菟’作‘兔’，‘麋身’作‘麋耳’。”此说于文意较合，今译文从此说。

3 睬cǎi，又音cài：大腹。

[译文]

从虢山再往北四百里，就到了虢山的尾端。这山上有很多玉石，却没有一般的石头。鱼水从山涧中流出，向西流入黄河。鱼水中有很多带花纹的贝壳。

从虢山尾再往北二百里，有座山名叫丹熏山。这山上生长着许多臭椿和柏树，长的草多是野山韭和薤菜。还有许多可制作成颜料的丹雘。熏水从这座山的山涧中流出，再向西流入棠水。这山中还有一种野兽，它的身形像鼠，但头像兔的头，耳朵像麋鹿的耳朵，它的声音像狗叫，飞动时靠尾巴。它名叫耳鼠，吃了它的肉可以不患腹部膨胀病，还可以避免百毒之害。

又北二百八十里，曰石者之山。其上无草木，多瑶、碧。泚水出焉，西流注于河。有兽焉，其状如豹，而文题白身[1]，名曰孟极，是善伏，其鸣自呼。

又北百一十里，曰边春之山。多葱[2]、葵、韭、桃[3]、李。杠水出焉，而西流注于泑泽。有兽焉，其状如禺而文身，善笑，见人则卧，名曰幽鴳[4]，其鸣自呼。

［注释］

1 文题：有花纹的额头。题，额头。

2 葱：山葱，一种野菜。

3 桃：一种野山桃，俗称毛桃。

4 幽鴳yàn：古代传说中的一种鸟。

［译文］

从丹熏山再往北二百八十里，有座山名叫石者山。山上没有草木，有很多瑶玉和碧玉。泚水从这座山的山涧中流出，向西流入黄河。山中有一种野兽，它身形似豹，额头上有花纹，身上的毛是白色的，名叫孟极。这种兽善于躲藏，它的叫声就像呼喊自己的名字。

从石者山再往北一百一十里，有座山名叫边春山。山上长有很多山葱、野葵、野韭、桃树和李树。杠水从这座山的山涧中流出，再向西流入泑泽。山中有一种野兽，它身形像禺，但身上有花纹。它喜欢发出笑声，一见有人便假装睡卧。这种野兽名叫幽鴳，它的鸣叫就像在呼喊自己的名字。

又北二百里，曰蔓联之山，其上无草木。有兽焉，其状如禺而有鬣[1]，牛尾、文臂、马蹄，见人则呼，名曰足訾，其鸣自呼。有鸟焉，群居而朋飞，其毛如雌雉，名曰䴔，其鸣自呼，食之已风。

[注释]

1 禺：母猿。

[译文]

再向北二百里，有座蔓联山，山上没有花草树木。山中有一种野兽，长得像猿猴，却长着鬣毛，还有牛一样的尾巴、长满花纹的双臂、马一样的蹄子，一看见人就呼叫，叫作足訾，它叫的声音便是自身名称的读音。山中还有一种禽鸟，喜欢成群栖息，结队飞行，尾巴与雌野鸡相似，叫作䴔。它叫的声音便是自身名称的读音，吃了它的肉就能治好风痹病。

又北百八十里，曰单张之山，其上无草木。有兽焉，其状如豹而长尾，人首而牛耳，一目，名曰诸犍，

善咤[1]，行则衔其尾，居则蟠其尾[2]。有鸟焉，其状如雉，而文首、白翼、黄足，名曰白鵺，食之已嗌痛[3]，可以已痸[4]。栎水出焉，而南流注于杠水。

[注释]

1 咤：怒吼声，这里是大声吼叫的意思。

2 蟠：盘曲而伏。

3 嗌：咽喉。

4 痸：痴呆病，疯癫病。

[译文]

再向北一百八十里，有座单张山，山上没有花草树木。山中有一种野兽，长得像豹子却拖着一条长长的尾巴，还长着人一样的脑袋和牛一样的耳朵，一只眼睛，叫作诸犍，喜欢吼叫，行走时就用嘴衔着尾巴，卧睡时就将尾巴盘卷起来。山中还有一种禽鸟，长得像普通的野鸡，却长着有花纹的脑袋、白色翅膀、黄色脚，叫作白鵺，吃了它的肉就能治好咽喉疼痛，还可以治愈疯癫病。栎水从这座山发源，然后向南流入杠水。

又北三百二十里，曰灌题之山，其上多樗柘[1]，其下多流沙，多砥。有兽焉，其状如牛而白尾，其音如訆[2]，名曰那父。有鸟焉，其状如雌雉而人面，见人则跃，名曰竦斯[3]，其鸣自呼也。匠韩之水出焉，而西流注于泑泽，其中多磁石。

[注释]

1 櫄chū柘zhè：櫄，木名，即臭椿树。柘，木名，桑科。是贵重的木料，木汁能染赤黄色。

2 訆jiào：大声呼叫。

3 竦sǒng斯：传说中的人面神鸟名。

[译文]

再往北三百二十里，有座灌题山，山上有很多臭椿树和柘树，山下遍布着流沙，还出产大量的磨刀石。山里有种野兽，长得像牛，有一条白色的尾巴，它的叫声像人在高呼，这种野兽的名字叫那父。山里有种鸟，样子像雌野鸡，有一张人的面孔，看见人就跳跃，它的名字叫竦斯，它叫的声音就是自己的名字。匠韩水就从这山发源，之后向西注入泑泽，水中有大量的磁石。

又北二百里，曰潘侯之山，其上多松柏，其下多榛楛[1]，其阳多玉，其阴多铁。有兽焉，其状如牛，而四节生毛，名曰旄牛[2]。边水出焉，而南流注于栎泽。

［注释］

1 楛hù：荆一类的植物，茎可制箭杆。

2 旄máo牛：即牦牛，产于我国西南地区。

［译文］

再往北二百里，有座潘侯山，山上遍布松树和柏树，山下遍布着榛树和楛树，山的南边盛产玉石，山的北边盛产铁。山里有种野兽，形状像牛，四肢的关节上长着长毛，它的名字叫牦牛。边水就从这山发源，之后向南流注入栎泽。

又北二百三十里，曰小咸之山，无草木，冬夏有雪。

［译文］

由潘侯山再往北二百三十里，有座小咸山。山上寸草不生，无论冬季还是夏季都有雪。

北二百八十里，曰大咸之山，无草木，其下多玉。是山也，四方，不可以上。有蛇名曰长蛇[1]，其毛如彘豪，其音如鼓柝[2]。

[注释]

1 长蛇：一种非常大的蛇，传说有几十丈长，可以将鹿、象等动物吞进肚里。

2 鼓：敲击、敲打。柝：是古代巡夜人巡夜打更用的梆子。

[译文]

由小咸山再往北二百八十里有座山，名叫大咸山。这座山上寸草不生，山脚下有很多玉石。这座山的形状是四四方方的，四面山坡都很陡峭，人无法攀登上去。山上有一种蛇，名叫长蛇。这种蛇身上长着毛，有点像猪鬃。它还不时发出鸣叫声，像敲击木梆发出的声响。

又北三百二十里，曰敦薨山，其上多棕楠，其下多茈草[1]。敦薨之水出焉，而西流注于泑泽。出于昆仑之东北隅，实惟河原。其中多赤鲑[2]，其兽多兕、旄牛，其鸟多鸤鸠[3]。

[注释]

1 茈zǐ草：即紫草。全株有糙硬的毛，根粗壮，外表暗紫色。含紫草素，可做紫色染料，也可供药用。

2 赤鲑：鱼的一种。

3 鸤鸠：一说鸬鸠即尸鸠，指布谷鸟。

[译文]

再向北三百二十里是敦薨山，山上生长着很多棕树与楠树，山下则生长着很多的紫草。敦薨水发源于这座山，向西流注入泑泽。泑泽位于昆仑山的东北角，确实是黄河的源头。水中有很多红色的鲑。山上的野兽以兕、牦牛居多，山中的鸟主要是布谷鸟。

又北二百里，曰少咸之山，无草木，多青碧。有兽焉，其状如牛而赤身、人面、马足，名曰窫窳，其音如婴儿，是食人。敦水出焉，东流注于雁门之水，其中多䱻䱻之鱼[1]，食之杀人。

[注释]

1 䱻䱻：据古人说就是江豚，黑色，大小如同一百斤重的猪。

[译文]

再向北二百里的地方，叫作少咸山。山上没有树木花草，遍布着叫青碧的名贵玉石。山中生活着一种兽，它的形体很像牛，但赤身、人面、马足，名叫窫窳，它的叫声很像婴儿啼哭，这种兽会吃人。敦水从此山中流出，向东流去，注入雁门水，水中生活着很多叫作江豚的鱼，这种鱼有毒，人们若误食了它，就会被毒死。

又北二百里，曰狱法之山。瀤泽之水出焉，而东北流注于泰泽。其中多鱳鱼，其状如鲤而鸡足，食之已疣。有兽焉，其状如犬而人面，善投，见人则笑，其名山𤟤，其行如风，见则天下大风。

［译文］

再向北二百里，有座狱法山。瀤泽水从山中流出，向东北方向流去，注入泰泽。水中生长着很多鱳鱼，它的形体同鲤鱼相似，但在腹下长着一双鸡足，人们如果吃了这种鱼的肉，可以治疗疣肿。山中还生活着一种兽，它的形体同狗相似，却长着人面，善于投掷，见到人就会哈哈大笑，它名叫山𤟤。它行走神速，能卷起一阵大风。只要它一出现，天下便会刮起大风。

又北二百里，曰北岳之山。多枳、棘、刚木[1]。有兽焉，其状如牛，而四角、人目、彘耳，其名曰诸怀，其音如鸣雁，是食人。诸怀之水出焉，而西流注于嚣水，其中多鮨鱼[2]，鱼身而犬首，其音如婴儿，食之已狂[3]。

又北百八十里，曰浑夕之山。无草木，多铜、玉。嚣水出焉，而西北流注于海。有蛇，一首两身，名曰肥遗，见则其国大旱。

又北五十里，曰北单之山。无草木，多葱、韭。

［注释］

1 枳、棘：枳木和棘木，两种矮小的树木。刚木：指木质硬的树木，如檀木树、柘树之类。

2 鮨yì鱼：古代传说中的一种鱼。

3 狂：本意是指狗发疯。后来也指人患精神失常、神经错乱等症。

［译文］

从狱法山再往北二百里，有座山名叫北岳山。这山上生长着很多枳木、棘木和木质坚硬的树。山中有一种野兽，它身形像牛，但却长着四只角和像人一样的眼睛、猪一样的耳朵。这种野兽的名字叫诸怀，它的叫声像大雁鸣叫，它是一种吃人的野兽。诸怀水从这山中流出，再向西流入嚣水。诸怀水中有很多鮨鱼，这种鱼身形是鱼，却长着狗一样的头，它的声音像婴儿发出的声音。吃了这种鱼，可以医治疯病。

从北岳山再往北一百八十里，有座山名叫浑夕山。这山上没有草木，有丰富的铜和玉石资源。嚣水从这座山的山涧中流出，再向西北流入渤海。山中有一种蛇，只有一个头，却长着两个身子，名叫肥遗。它一旦出现，国内便会遭受大旱灾。

从浑夕山再往北五十里，有座山名叫北单山。这山上没有草木，生长着很多山葱、山韭。

又北百里，曰罴差之山。无草木，多马。

又北百八十里，曰北鲜之山，是多马。鲜水出焉，而西北流注于涂吾之水。

又北百七十里，曰隄山[1]，多马。有兽焉，其状如豹而文首，名曰狕[2]。隄水出焉，而东流注于泰泽，其中多龙龟。

凡北山之首，自单狐之山至于隄山，凡二十五山，五千四百九十里[3]，其神皆人面蛇身。其祠之：毛用一雄鸡、彘，瘗，吉玉用一珪，瘗而不糈。其山北人，皆生食不火之物。

［注释］

1 隄dī山：也作“山”，古山名。

2 狕yǎo：古代传说中的一种野兽。

3 五千四百九十里：郝懿行按：“今五千六百八十里。”

［译文］

从北单山再往北一百里，有座山名叫罴差山。这山上没有草木，生活着很多野马。

从罴差山再往北一百八十里，有座山名叫北鲜山。山中有很多野马，鲜水从山涧中流出，再向西北流入涂吾水。

从北鲜山再往北一百七十里，有座山名叫隄山，山中有很多野马。山中还有一种野兽，它身形像豹，但脑袋上有花纹，这种野兽名叫狕。隄水从这座山的山涧中流出，再向东流入泰泽。隄水中有很多龙龟。

纵观《北山经》所记述的北部山系第一列山脉，从单狐山到隄山，总共二十五座山，蜿蜒五千四百九十里。这些山的山神都长着人的面孔和蛇的身子。祭祀这些山神时，用的带毛牲畜是一只公鸡和一头猪，祭祀用的玉器是一块珪，祭祀后只将这些牲畜和玉器埋在地下，不用精米。在这些山北坡居住的人，都只吃生食而不吃用火烤的熟食。

北次二经之首，在河之东，其首枕汾，其名曰管涔之山。其上无木而多草，其下多玉。汾水出焉，而西流注于河。

［译文］

北方第二列山系的首座山，坐落在黄河的东边，山的首端枕着汾水，这座山叫管涔山。山上没有树木，却到处是茂密的花草，山下盛产玉石。汾水从这座山发源，然后向西流入黄河。

又北二百五十里，曰少阳之山，其上多玉，其下多赤银[1]。酸水出焉，而东流注于汾水，其中多美赭[2]。

[注释]

1 赤银：最精、最纯的银子，这里指含银量很高的天然优质银矿石。

2 赭：即赭石，红土中一种含有铁质的矿物。

[译文]

再向北二百五十里，有座少阳山，山上盛产玉石，山下盛产赤银。酸水从这座山发源，然后向东流入汾水，水中有很多优良赭石。

又北五十里，曰县雍之山，其上多玉，其下多铜，其兽多闾麋[1]，其鸟多白翟、白鹌[2]。晋水出焉，而东南流注于汾水。其中多鮆鱼，其状如鲦而赤鳞[3]，其音如叱[4]，食之不骚。

[注释]

1 闾：据古人讲，是一种黑色母羊，形体似驴而蹄子歧分，角如同羚羊的角，也叫山驴。

2 白鹤：据古人讲，就是白翰鸟。

3 鲦：这里指的是小鱼。

4 叱：大声呵斥。

[译文]

再向北五十里，有座县雍山，山上蕴藏着丰富的玉石，山下蕴藏着丰富的铜，山中的野兽大多是山驴和麋鹿；而禽鸟以白色的野鸡和白翰鸟居多。晋水从这座山发源，然后向东南流入汾水。水中生长着很多鮆鱼，形状得像小鲦鱼却长着红色的鳞甲，发出的声音如同人的斥责声，吃了它的肉可除狐臭。

又北二百里，曰狐岐之山，无草木，多青碧。胜水出焉，而东北流注于汾水，其中多苍玉。

[译文]

再向北二百里，有座狐岐山，山上没有花草树木，到处是青石碧玉。胜水从这座山发源，然后向东北流入汾水，水中有很多苍玉。

又北三百五十里，曰白沙山，广员三百里，尽沙也，无草木鸟兽。鲔水出于其上[1]，潜于其下，是多白玉。

[注释]

1 鲔wěi水：水名。

[译文]

再往北三百五十里，有座白沙山，这座山方圆有三百里，山上到处是沙子，没有任何花草树木和鸟兽。鲔水就从这山的山顶发源，之后潜流到山下，附近的水里盛产白玉。

又北四百里，曰尔是之山，无草木，无水。

[译文]

再往北四百里，有座尔是山，山上草木不生，也没有水。

又北三百八十里，曰狂山，无草木。是山也，冬夏有雪。狂水出焉，而西流注于浮水，其中多美玉。

［译文］

再往北三百八十里，有座狂山，山上草木不生。狂山上冬天和夏天都有雪。狂水就从这山发源，之后向西注入浮水，水里盛产品质优良的玉石。

又北三百八十里，曰诸余之山，其上多铜玉，其下多松柏。诸余之水出焉，而东流注于旄水。

［译文］

再往北三百八十里，有座诸余山，山上盛产铜和玉石，山下长满了松树和柏树。诸余水就从这山发源，之后向东注入旄水。

又北三百五十里，曰敦头之山，其上多金玉，无草木。旄水出焉，而东流注于邛泽[1]。其中多䮝马[2]，牛尾而白身，一角，其音如呼。

［注释］

1 邛qióng泽：水名。

2 䮝bó马：传说中的野兽名，野马的一种。

[译文]

再往北三百五十里，有座敦头山，山上盛产金属和玉石，但却没有任何花草树木。旄水就从这山发源，之后向东注入邛泽。这座山里有很多䮝马，这马长着牛一样的尾巴，身体是白色的，长着一只角，它发出的声音就像人在呼唤。

又北三百五十里，曰钩吾之山，其上多玉，其下多铜。有兽焉，其状如羊身人面，其目在腋下，虎齿人爪，其音如婴儿，名曰狍鸮[1]，是食人。

[注释]

1 狍鸮：神话传说中的兽名，性情暴躁贪婪，吃人，并将吃剩下的人的各个部位咬碎。

[译文]

敦头山北邻钩吾山，与之相距三百五十里。这座山的山巅有很多玉石，山下蕴藏有丰富的铜。山上有种兽，身形似羊，却长着一副人的面孔，眼睛长在腋下，牙似虎牙，爪似人脚，吼叫声似婴儿啼哭。这种兽名叫狍鸮，这种兽是吃人的。

又北三百里，曰北嚣之山，无石，其阳多碧，其阴多玉。有兽焉，其状如虎，而白身犬首，马尾彘鬣，名曰独狢。有鸟焉，其状如乌，人面，名曰鷩鹛，宵飞而昼伏，食之已暍[1]。涔水出焉，而东流注邛于泽。

［注释］

1 暍：中暑。

［译文］

由钩吾山再往北三百里有座山，名叫北嚣山。这座山上没有石头。山上蕴藏着丰富的玉石，南坡多碧玉，北坡多玉石。山上有一种野兽，身形似虎，但全身都是白色的，并且长着一个狗样的脑袋，尾巴似马尾，毛似猪鬃。这种兽名叫独狢。山上还有一种鸟，形状似乌鸦，脸似人面。这种鸟名叫鷩鹛。这种鸟的生活习性是夜里飞游而白天回巢。人若吃了这种鸟的肉可以消暑。这座山上有条涔水流出，涔水出山后便向东汇入邛泽。

又北三百五十里，曰梁渠之山，无草木，多金玉。修水出焉[1]，而东流注于雁门，其兽多居暨，其状如猬而赤毛[2]，其音如豚。有鸟焉，其状如夸父[3]，四翼、一目、犬尾，名曰嚻，其音如鹊，食之已腹痛，可以

止衕[4]。

[注释]

1 修水：长江中游支流，属鄱阳湖水系。

2 汇：传说中的动物名，长得像老鼠，红色的毛如同刺猬的刺。

3 夸父：兽名，即举父，长得像猕猴。

4 衕：腹泻。

[译文]

由北嚣山再往北三百五十里有座山，名叫梁渠山。这座山上光秃秃的，寸草不生，但蕴藏着丰富的金和玉石。修水就发源于这座山，出山后便向东流去，汇入雁门水。这座山中生活的野兽主要是居暨。这种兽身形似刺猬，但周身长着红色的毛，不时发出如猪仔一样的叫声。这座山上还生活着一种鸟，形状似夸父，但长着四只翅膀、一只眼睛和一条狗尾巴，名字叫嚣。它不时发出鹊鸟一样的叫声。人吃了这种鸟的肉，可以止腹痛，还可医治腹泻。

又北四百里，曰姑灌之山，无草木。是山也，冬夏有雪。

[译文]

由梁渠山再往北四百里有座山，名叫姑灌山。这座山上光秃秃的，没有草木，终年积雪。

又北三百八十里，曰湖灌之山，其阳多玉，其阴多碧、多马。湖灌之水出焉，而东流注于海，其中多䱜[1]。有木焉，其叶如柳而赤理。

[注释]

1 䱜：同“鳝”，即黄鳝。

[译文]

再向北三百八十里，有座湖灌山。山向阳的南坡遍布着玉石，山背阴的北坡遍布着碧玉，山上生活着很多野马。湖灌水发源于这座山，向东流去，注入大海。水中生活着很多鳝鱼。山中生长着一种树，树叶同柳叶相似，却有着红色的纹理。

又北水行五百里，流沙三百里，至于洹山，其上多金玉。三桑生之[1]，其树皆无枝，其高百仞[2]，百果树生之。其下多怪蛇。

[注释]

1 三桑：传说一个叫化民的人以桑叶为食，二十七年后，便吐丝把自己的身体裹了起来，九年后生出翅膀，又过了十年便死去了。

2 仞：古代的长度单位，周制八尺为一仞，汉制七尺为一仞。

[译文]

再向北行五百里水路，然后通过三百里路程的流沙，就到了洹山。山上蕴藏丰富的黄金和美玉，三桑在山中生长着，这种树都不长树枝，树干高达八十丈。各种果树也生长在这座山中。此外，山下有很多奇异的蛇。

又北三百里，曰敦题之山[1]，无草木，多金玉。是镎[2]于北海[3]。

[注释]

1 敦题之山：即敦题山，山名，具体所指待考。一说在今俄罗斯境内。

2 镎：这里相当于“蹲”，指蹲踞。

3 北海：水名，一说这里指贝加尔湖。

[译文]

洹山再往北三百里有座山，名叫敦题山。这座山上寸草不生，蕴藏有丰富的金和玉石。这座山的位置就在北海岸边，山尾延伸入北海。

凡北次二经之首，自管涔之山至于敦题之山，凡十七山，五千六百九十里。其神[1]皆蛇身人面。其祠[2]：毛用一雄鸡、彘[3]瘗[4]；用一璧一珪，投而不糈。

[注释]

1 神：指山神。

2 祠：祭祀。

3 彘：猪。

4 瘗：埋葬。

[译文]

综观北山第二列山系，自管涔山起到敦题山止，共十七座山，蜿蜒五千六百九十里。这些山的山神都长着蛇样的身子和人样的面孔。祭祀这些山神时，用的毛物是一只雄鸡、一头猪，将它们埋在地下；玉器用一块璧、一块珪，将它们投掷山间；不用精米祭祀。

北次三经之首，曰太行之山。其首曰归山，其上有金玉，其下有碧。有兽焉，其状如麢羊而四角，马尾而有距[1]，其名曰驿，善还[2]，其名自训。有鸟焉，其状如鹊，白身、赤尾、六足，其名曰鷾，是善惊，其鸣自饺[3]。

[注释]

1 距：雄鸡、野鸡等跖后面突出像脚趾的部分。这里指鸡爪子。

2 还：通“旋”。旋转。

3 饺：叫，呼。

[译文]

北方第三列山系开头的第一座山叫太行山，太行山的首端称为归山。山上出产黄金和美玉，山下出产精美的碧玉。山中生活着一种奇异的兽，它的形体同羚羊很相似，但头部却长着四只角，尾巴像马尾，脚像鸡爪，它的名字叫作驿。它善于盘旋舞蹈，它的叫声就像是呼唤自身的名字。山中还生活着一种鸟，它的形体同喜鹊相似，身上长着白色的羽毛，尾巴上的羽翎是红色的，共长着六只脚，它名叫鷾。这种鸟十分灵敏惊觉，它的叫声也像是呼唤自己的名字。

又东北二百里，曰龙侯之山，无草木，多金玉。決決之水出焉，而东流注于河。其中多人鱼，其状如鯑鱼，四足，其音如婴儿，食之无痴疾。

[译文]

再向东北二百里，有座龙侯山，山上不生长花草树木，有丰富的金属矿石和玉石。決水从这座山发源，然后向东流入黄河。水中有很多人鱼，长得像一般的鯑鱼，长有四只脚，发出的声音像婴儿哭啼，吃了它的肉就能使人不得疯癫病。

又东北二百里，曰马成之山，其上多文石，其阴多金玉。有兽焉，其状如白犬而黑头，见人则飞，其名曰天马，其鸣自訆，有鸟焉，其状如乌，首白而身青、足黄，是名曰䳋鶌。其名自詨，食之不饥，可以已寓[1]。

[注释]

1 寓：古人认为寓即“误”字，大概以音近为义，指昏忘之病，就是现在所谓的老年健忘症或老年痴呆症。

[译文]

再向东北二百里，有座马成山，山上多出产有纹理的美石，山北面有丰富的金属矿产和玉石。山里有一种野兽，长得像普通的白狗却长着黑脑袋，一看见人就腾空飞起，叫作天马，它的叫声像是呼唤自己的名字。山里还有一种禽鸟，长得像一般的乌鸦，却长着白色的脑袋和青色的身子、黄色的爪，叫作鶌鶋，它的叫声像是呼唤自己的名字，吃了它的肉使人不感觉饥饿，还可以医治老年健忘症。

又东北七十里，曰咸山，其上有玉，其下多铜，是多松柏，草多茈草。条菅之水出焉，而西南流注于长泽。其中多器酸[1]，三岁一成，食之已疠。

[注释]

1 器酸：大概是一种可以吃而有酸味的东西，就像山西解州盐池所生产的盐之类的东西。

[译文]

再向东北七十里，有座咸山，山上出产玉石，山下盛产铜。这里到处是松树和柏树，生长的草以紫草最多。条菅水从这座山发源，然后向西南流入长泽。水中多出产器酸，这种器酸三年才能收成一次，吃了它就能治愈人的麻疯病。

又东北二百里，曰天池之山。其上无草木，多文

石。有兽焉，其状如兔而鼠首，以其背飞，其名曰飞鼠。渑水出焉[1]，潜于其下，其中多黄垩[2]。

又东三百里，曰阳山。其上多玉，其下多金、铜。有兽焉，其状如牛而赤尾，其颈腎[3]，其状如句瞿[4]，其名曰领胡。其鸣自设，食之已狂。有鸟焉，其状如雌雉，而五采以文。是自为牝牡，名曰象蛇，其鸣自设。留水出焉，而南流注于河。其中有鮨父之鱼[5]，其状如鲋鱼，鱼首而彘身，食之已呕。

[注释]

1 渑shéng水：一作绳水。古水名。

2 黄垩：黄色的土。详见本书《西次二经》之“大次之山”该词条注。

3 腎shèn：肉瘤。

4 句gōu瞿qú：郭璞注：“句瞿，斗也。”郝懿行云：“以‘句瞿’为斗，所未详。《元和郡县志》云：‘海康县多牛，项上有骨大如覆斗，日行三百里，即《尔雅》所谓犦牛。’疑此是也。”

5 鮨xiàn父之鱼：古代传说中一种怪异的鱼。

[译文]

从咸山再往东北二百里，有座山名叫天池山。这座山上没有草木，有很多带花纹的石头。山上有一种兽，它的身形像兔，但长着鼠头，能凭借背部的毛起飞，这种兽名叫飞鼠。渑水发源于这座山，水潜流到山下，渑水中有很多可用来涂饰的黄色土。

从天池山再往东三百里，有座山名叫阳山。这座山上有很多玉石，山下蕴藏有丰富的金和铜。山中有一种兽，它身形似牛，但尾巴是红色的；脖颈上长着一个肉瘤，形状像句瞿。它名叫领胡。它的鸣叫声像在叫自己的名字，吃了它的肉可以医治癫狂症。阳山中还有一种鸟，它身形似雌山鸡，周身五彩斑斓。这种鸟自身兼具雌雄两性，它名叫象蛇。它的鸣叫就像在呼叫自己的名字。留水从这山中流出，再向南流入黄河。留水中有很多䱻父鱼，它形状像鲋鱼，长着鱼头，但身形似小猪。吃了这种鱼，可以止呕吐。

又东三百五十里，曰贲闻之山。其上多苍玉，其下多黄垩，多涅石[1]。

又北百里，曰王屋之山，是多石。𤃨水出焉[2]，而西北流注于泰泽。

又东北三百里，曰教山。其上多玉而无石。教水出焉，西流注于河。是水冬干而夏流，实惟干河，其中有两山。是山也，广员三百步，其名曰发丸之山，其上有金、玉。

［注释］

1 涅石：一种黑色矾石，可用来制作黑色染料。

2 潋liǎn水：古水名。

［译文］

从阳山再往东三百五十里，有座山名叫贲闻山。这座山上有很多黑色的玉石，山下有很多可作涂饰的黄色土，还有可制作黑色染料用的涅石。

从贲闻山再往北一百里，有座山名叫王屋山。这山上有很多石头。潋水从这山中流出，再向西北流入泰泽。

从王屋山再往东北三百里，有座山名叫教山。这座山上有很多玉石，却没有一般的石头。教水从山涧中流出，向西流入黄河。教水河冬天干涸而夏天有水流，因此这条河实际上只是条干涸的河道。河道中有两座小山丘，这小山丘方圆只有三百步，山丘名叫发丸山。山上有金矿和玉石。

又南三百里，曰景山，南望盐贩之泽，北望少泽。其上多草、藷藇[1]，其草多秦椒[2]。其阴多赭[3]，其阳多玉。有鸟焉，其状如蛇而四翼、六目、六足，名曰酸与，其鸣自詨，见则其邑有恐。

[注释]

1 藷shǔ萸xù：一种根像羊蹄的植物，可以食用，即今天的山药。

2 秦椒：一种草，叶子细长，所结的果实像花椒。

3 赭：红褐色，这里一说为赭色的土。

[译文]

再向南三百里是景山，站在景山之顶，向南可以看到盐贩泽，向北可以看到少泽。山上长有很多的草和藷萸，草中又以秦椒为多。山的北坡多是红褐色的土，南部多产玉石。山中有一种鸟，它的形状像蛇，但长着四个翅膀、六个眼睛、六只脚，名叫酸与，它叫的声音就像是呼叫它自己的名字，它出现在哪个地方，哪个地方就会发生使人惊恐慌张的事情。

又东南三百二十里，曰孟门之山，其上多苍玉，多金，其下多黄垩，多涅石。

[译文]

再向东南三百二十里，有座孟门山，山上遍布着精美的玉石，遍布着烁烁闪光的黄金。山下遍布着黄垩，还有很多涅石。

又东南三百二十里，曰平山。平水出于其上，潜于其下，是多美玉。

[译文]

再向东南三百二十里的地方，有座平山。平水发源于这座山的山顶，奔泻而下，潜流在山下。这里盛产美玉。

又东二百里，曰京山，有美玉，多漆木，多竹，其阳多赤铜，其阴有玄䃺[1]。高水出焉，南流注于河。

[注释]

1 玄：赤黑色，黑中带红。䃺：即砥石，就是磨刀石。

[译文]

由平山再往东二百里有座山，名叫京山。山上有很多上等玉石、漆树和竹子。这座山的南坡蕴藏着丰富的赤铜矿石，山的北坡有很多黑色磨刀石。高水就发源于这座山，流出山涧后便向南流入黄河。

又东二百里，曰虫尾之山，其上多金玉，其下多竹、多青碧。丹水出焉，南流注于河；薄水出焉，而东南流注于黄泽。

［译文］

京山东邻虫尾山，相距二百里。虫尾山上蕴藏有丰富的金属矿石和玉石，山坡下有很多竹子，还有很多青绿色的玉石。丹水就发源于这座山，流出山涧后便向南流入黄河。薄水也发源于这座山，流出山涧后便向东南流入黄泽。

又东三百里，曰彭𣵊之山，其上无草木，多金玉，其下多水。蚤林之水出焉，东南流注于河。肥水出焉，而南流注于床水，其中多肥遗之蛇。

［译文］

由虫尾山再往东三百里有座山，名叫彭𣵊山。这座山上光秃秃的，寸草不生，蕴藏有丰富的金属矿石和玉石，山坡下有很多水。蚤林水就发源于这座山，流出山涧后便向东南流去，汇入黄河。肥水也发源于这座山，流出山涧后便向南流入床水。肥水中有很多肥遗蛇。

又东百八十里，曰小侯之山。明漳之水出焉，南流注于黄泽。有鸟焉，其状如乌而白文，名曰鸪䳑，食之不灂[1]。

[注释]

1 瞷：眼昏矇。

[译文]

再向东一百八十里，有座小侯山。明漳水发源于这座山，水流从山中奔涌而出，向南流去，注入黄泽。山中生长着一种鸟，它的形体很像乌鸦，但身披白色羽毛，这种鸟名叫鸪鸐，人们吃了这种鸟的肉，可以使眼睛不昏花。

又东三百七十里，曰泰头之山。共水出焉，南注于虖沱。其上多金玉，其下多竹箭[1]。

[注释]

1 箭：一种生长较小的竹子，坚硬可作箭矢。

[译文]

再向东三百七十里的地方，有座泰头山。共水发源于这座山，共水从山中流出，向南流去，最后注入虖沱河。山上遍布着黄金、美玉，山下生长着茂密的小竹丛。

又东北二百里，曰轩辕之山，其上多铜，其下多竹。有鸟焉，其状如枭而白首，其名曰黄鸟，其鸣自

谈，食之不妒。

［译文］

再向东北二百里，有座轩辕山。山上蕴藏着丰富的铜，山下生长着茂盛的竹林。山中飞翔着一种奇异的鸟，它的形体很像枭，但头部长的是白色羽毛，它名叫黄鸟，它的叫声就是自呼其名。人们如果吃了这种黄鸟的肉，就不会产生嫉妒他人的念头。

又北二百里，曰谒戾之山。其上多松、柏，有金、玉。沁水出焉，南流注于河。其东有林焉，名曰丹林。丹林之水出焉，南流注于河。婴侯之水出焉，北流注于汜水[1]。

东三百里，曰沮洳之山，无草木，有金、玉。濝水出焉[2]，南流注于河。

又北三百里，曰神囷之山[3]。其上有文石，其下有白蛇，有飞虫。黄水出焉，而东流注于洹。滏水出焉，而东流注于欧水。

［注释］

1 汜sì水：古水名。

2 濝qí水：古水名。

3 神囷qūn：古山名。

[译文]

从轩辕山再往北二百里，有座山名叫谒戾山。这座山上生长着很多松树和柏树，还蕴藏着丰富的金属矿石和玉石。沁水发源于这座山，从山涧中流出后，再向南流入黄河。这座山的东坡有一片树林，名叫丹林。丹林水就从这座山的山涧中流出，再向南流入黄河。婴侯水也发源于这座山，流出山涧后再向北流入汜水。

从谒戾山往东三百里，有座山名叫沮洳山。山上没有草木，蕴藏着丰富的金属矿石和玉石。濝水从这座山的山涧中流出，再向南流入黄河。

从沮洳山再往北三百里，有座山名叫神囷山。这座山上有一种带花纹的石头，山下有一种白蛇和一种飞虫。黄水从这山涧中流出，再向东流入洹水。滏水也发源于这座山，流出山涧后再向东流入欧水。

又北二百里，曰发鸠之山，其上多柘木。有鸟焉，其状如乌，文首、白喙、赤足，名曰精卫，其鸣自詨。是炎帝之少女[1]，名曰女娃，女娃游于东海，溺而不返，故为精卫。常衔西山之木石，以堙于东海[2]。漳水出焉，东流注于河。

[注释]

1 炎帝：又称神农氏，传说是上古的帝王。

2 堙：堵塞，填埋。

[译文]

再向北二百里有座发鸠山，山上生长着茂密的柘树。山中有一种鸟，它的形状像乌鸦，长着有花纹的脑袋、白色的嘴、红色的爪子，名叫精卫，它的叫声就像是叫自己的名字。这是炎帝的小女儿女娃变的，女娃在东海游玩，溺水而死不能回家，所以化为精卫。它常常用嘴衔西山的小树枝、小石子投入东海，想把东海填平。漳水发源于这座山，向东流注入黄河。

又东北百二十里，曰少山，其上有金玉，其下有铜。清漳之水出焉，东流注于浊漳之水。

[译文]

再向东北一百二十里，有座少山，山上出产金属矿石和玉石，山下出产铜。清漳水从这座山发源，向东流入浊漳水。

又东北二百里，曰锡山，其上多玉，其下有砥。牛首之水出焉，而东流注于滏水。

[译文]

再向东北二百里，是座锡山，山上有丰富的玉石，山下出产磨刀石。牛首水从这座山发源，然后向东流入滏水。

又北二百里，曰景山，有美玉。景水出焉，东南流注于海泽。

又北百里，曰题首之山，有玉焉，多石，无水。

又北百里，曰绣山。其上有玉、青碧，其木多栒[1]，其草多芍药[2]、芎䓖[3]。洧水出焉[4]，而东流注于河，其中有鳠、黾[5]。

[注释]

1 栒xún：栒树，树干可用来制作拐杖等器物。

2 芍药：多年生草本。初夏开花，有红、白等颜色，花朵似牡丹，为著名观赏植物。块根可入药。

3 芎xiōng䓖qióng：即“川芎”。多年生草本。根状茎含挥发油状生物碱。中医学上以干燥根状茎入药，有活血、祛风、止痛等功效。

4 洧wéi水：古水名。

5 鳠hù：鱼名。郭璞注：“鳠，似鲇而大，白色也。”黾：鱼名。郭璞注：“黾，似虾蟆，小而青。”《尔雅·释鱼》：“在水者黾。”郭璞注：“耿黾也，似青蛙大腹，一

名土鸭。”据此可见郭注“耿黾”与此处注“鼇黾”当为一种动物。

[译文]

从锡山再往北二百里，有座山名叫景山。景山上出产优质的玉石。景水从这座山的山涧中流出，再向东南流入海泽。

从景山再往北约一百里，有座山名叫题首山。山中有玉石，还有很多普通石头，但没有水。

从题首山再往北约一百里，有座山名叫绣山。这座山上有玉石和青碧玉。山中生长的树木主要是栒树，草则多为芍药和川芎。洧水从这座山的山涧中流出，再向东流入黄河。洧水中有很多鳠鱼和黾鱼。

又北百二十里，曰松山，阳水出焉，东北流注于河。

[译文]

再往北一百二十里，有座松山，阳水就从这山发源，向东北注入黄河。

又北百二十里，曰敦与之山，其上无草木，有金

玉。涑水出于其阳[1]，而东流注于泰陆之水；泜水出于其阴[2]，而东流注于彭水。槐水出焉，而东流注于泜泽。

[注释]

1 涑suò水：水名。今河北临城西南有涑水。

2 泜zhī水：水名。今名泜河。

[译文]

再往北一百二十里，有座敦与山，山上草木不生，但蕴藏着金属矿石和玉石。涑水就从敦与山的南坡山脚发源，向东注入泰陆水；泜水从敦与山的北坡山脚发源，向东注入彭水。槐水也从这山发源，向东注入泜泽。

又北百七十里，曰柘山，其阳有金玉，其阴有铁。历聚之水出焉，而北流注于洧水。

[译文]

再往北一百七十里，有座柘山，山的南坡出产金属矿石和玉石，山的北坡出产铁。历聚水就从这山发源，之后向北注入洧水。

又北三百里，曰维龙之山，其上有碧玉，其阳有

金，其阴有铁。肥水出焉，而东流注于皋泽，其中多礨石[1]。敞铁之水出焉，而北流注于大泽。

[注释]

1 礨lěi石：大石。

[译文]

再往北三百里，有座维龙山，山上出产碧玉，山的南坡出产黄金，山的北坡出产铁。肥水就从这山发源，之后向东注入皋泽，水里有很多大石头。敞铁水也从这山发源，之后向北注入大泽。

又北百八十里，曰白马之山，其阳多石玉，其阴多铁，多赤铜。木马之水出焉，而东北流注于虖沱。

[译文]

再往北一百八十里，有座白马山，山的南坡盛产石头和玉石，山的北坡盛产铁，这座山还出产大量赤铜。木马水就从这山发源，之后向东北注入虖沱河。

又北二百里，曰空桑之山，无草木，冬夏有雪。空桑之水出焉，东流注于虖沱。

[译文]

再往北二百里，有座空桑山，山上草木不生，不论冬夏都有积雪。空桑水就从这山发源，之后向东注入虖沱河。

又北三百里，曰泰戏之山，无草木，多金玉。有兽焉，其状如羊，一角一目，目在耳后，其名曰㸔㸔，其鸣自訆。虖沱之水出焉，而东流注于溇水。液女之水出于其阳，南流注于沁水。

[译文]

由空桑山再往北三百里有座山，名叫泰戏山。泰戏山上寸草不生，但蕴藏着丰富的金属矿石和玉石。山上有一种野兽，身形似羊。但只长有一只角和一只眼睛，眼睛长在耳朵后。这种兽名叫㸔㸔。它的叫声就像在叫自己的名字。虖沱河就发源于这座山，流出山涧后便向东流入溇水。液女水发源于这座山的南坡，并向南流入沁水。

又北三百里，曰石山，多藏金玉。濩濩之水出焉，而东流注于虖沱；鲜于之水出焉，而南流注于虖沱。

[译文]

由泰戏山再往北三百里有座山，名叫石山，有很多含金量高的金矿石和优质玉石。濩濩水就发源于这座山，流出山涧后便向东流入虖沱河。鲜于水也发源于这座山。流出山涧后便向南流入虖沱河。

又北二百里，曰童戎之山。皋涂之水出焉，而东流注于溇液水。

［译文］

由石山再往北二百里有座山，名叫童戎山。皋涂水就发源于这座山，流出山涧后便向东流入溇液水。

又北三百里，曰高是之山。滋水出焉，而南流注于虖沱。其木多棕，其草多条。滱水出焉，东流注于河。

［译文］

由童戎山再往北二百里有座山，名叫高是山。滋水发源于这座山，流出山涧后便向南流入虖沱河。高是山上生长着棕树和条草。滱水也发源于这座山，流出山涧后便向东流入黄河。

又北三百里，曰陆山，多美玉。鄚水出焉，而东流注于河。

[译文]

由高是山再往北三百里有座山，名叫陆山。山中盛产优质的玉石。鄞水就发源于这座山，流出山涧后便向东汇入黄河。

又北二百里，曰沂山。般水出焉，而东流注于河。

[译文]

再向北二百里，有座沂山。般水发源于这座山，水流滔滔东去，注入黄河。

北百二十里，曰燕山，多婴石。燕水出焉，东流注于河。

[译文]

向北一百二十里，有座燕山。山上遍布着绚丽多彩的燕石。燕水从这座山中流出，向东流去，注入黄河。（燕石很像玉石，所以一般用以比喻并不珍贵的假古董。据传，宋之愚人得燕石于梧台之东，归而藏之，以为是宝。周客见后，告诉主人，这是燕石，与瓦块差不多。主人大怒，藏之更甚。此事后来被传为笑谈。）

又北山行五百里，水行五百里，至于饶山，是无草木，多瑶、碧，其兽多橐驼，其鸟多鹠。历虢之水出焉，而东流注于河。其中有师鱼，食之杀人。

[译文]

向北走五百里的山路，再走五百里的水路，便到达饶山。这座山荒芜光秃，不生长花草树木，但却遍布着名贵的瑶和碧一类的美玉。山中生活着很多兽，其中以骆驼为最多，山中还生活着很多飞鸟，其中以鹠为最多。历虢水发源于这座山，奔流东去，注入黄河。水中生活着一种鱼，叫作师鱼，也叫娃娃鱼，它的毒性很大，人们如果吃了它便会被毒死。

又北四百里，曰乾山，无草木，其阳有金玉，其阴有铁而无水。有兽焉，其状如牛而三足，其名曰獂，其鸣自詨。

[译文]

再向北四百里，有座乾山。这座山荒芜光秃，山中没有生长花草树木。山向阳的南坡出产金属矿石和晶莹的玉石，山背阴的北坡蕴藏着铁矿石，山中没有水流。山中生长着一种兽，它的形体很像牛，却有着三只脚，它名叫獂，是野猪中的一种。它吼叫的声音，就是自呼其名。

又北五百里，曰伦山。伦水出焉，而东流注于河。有兽焉，其状如麋，其川在尾上[1]，其名曰罴九。

[注释]

1 川：一说为“州”字之误，意为窍，即肛门的意思。

[译文]

再向北五百里是伦山。伦水发源于这座山，向东流注入黄河。山中有一种野兽，它的形状像麋鹿，肛门生在尾巴上，它的名字叫罴九。

又北五百里，曰碣石之山。绳水出焉，而东流注于河。其中多蒲夷之鱼[1]。其上有玉，其下多青碧。

又北水行五百里，至于雁门之山，无草木。

又北水行四百里，至于泰泽。其中有山焉，曰帝都之山，广员百里，无草木，有金、玉。

[注释]

1 蒲夷之鱼：郝懿行注：“蒲夷鱼疑即冉遗鱼也。已见《西次四经》。”

［译文］

从伦山再往北五百里，有座山名叫碣石山。绳水从这山涧中流出，再向东流入黄河。绳水中有很多蒲夷鱼。碣石山上有玉石，山下有很多青绿色玉石。

从碣石山再往北沿水路前行五百里，便到达雁门山。山上没有草木。

从雁门山再往北沿水路前行四百里，就到达泰泽。泰泽水中有一座山，名叫帝都山，方圆百里。山上没有草木，蕴藏着丰富的金属矿石和玉石。

又北五百里，曰錞于毋逢之山。北望鸡号之山，其风如𩗗[1]。西望幽都之山，浴水出焉。是有大蛇，赤首白身，其音如牛，见则其邑大旱。

凡《北次三经》之首，自太行之山以至于毋逢之山，凡四十六山[2]，万二千三百五十里[3]。其神状皆马身而人面者廿神。其祠之：皆用一藻茝[4]瘗之。其十四神状皆彘身而载玉[5]。其祠之：皆玉，不瘗。其十神状皆彘身而八足蛇尾。其祠之：皆用一璧瘗之。大凡四十四神，皆用稌糈米祠之。此皆不火食。

右北经之山志，凡八十七山[6]，二万三千二百三十里[7]。

[注释]

1 尳lì：形容风的疾速强劲。

2 四十六山：郝懿行按：“今四十七山。”

3 万二千三百五十里：郝懿行按：“今一万二千四百四十里。”

4 藻：聚藻，一种香草。茝：属于兰草一类的一种香草。

5 载：通“戴”。

6 八十七山：郝懿行按：“今八十八山。”

7 二万三千二百三十里：郝懿行按：“当二万三千五百三十里；今则二万四千二百六十里。”

[译文]

从帝都山再往北五百里，有座山名叫錞于毋逢山。站在这座山的山巅，向北可远眺鸡号山，鸡号山中有一股急风刮出；向西可远望幽都山，浴水就发源于幽都山。錞于毋逢山中有一种大蛇，红色的头，白色的身子，它的声音像牛的叫声。这种蛇一旦出现在哪里，那里的城邑就会遭受大旱灾。

综观《北次三经》所记述的北部山系第三列山脉，第一座山自太行山起，到錞于毋逢山止，共计四十六座山，绵延一万二千三百五十里。这些山的山神中，有二十尊山神都是身形似马而长着人样的面孔。祭祀这二十尊山神时，都用一种聚藻和茝草作祭品，将它们埋在地下。还有十四尊山神，都是身形似猪，身上还佩戴着玉。祭祀这十四尊山神时，祭品都是用玉，但不埋在地下。另有十尊山神都是身形似猪，但长着八只脚和一条蛇一样的尾巴。祭祀这十尊山神时，祭品都是用一块璧玉，将它埋在地下。所有这四十四尊山神，祭祀时都用稻米供奉，而且不需用火煮为熟食。

以上所记载的北部山系中的群山，总共八十七座山，绵延长达二万三千二百三十里。

人身龙首神

卷四　东山经

东山经之首，曰樕螽之山，北临乾昧。食水出焉。而东北流注于海。其中多鳙鳙之鱼，其状如犁牛[1]，其音如彘鸣。

［注释］

1 犁牛：毛色黄黑相杂像虎纹似的牛。

［译文］

东方第一列山系的首座山，名叫樕螽山，北面与乾昧山相邻。食水从这座山发源，向东北流入大海。水中有很多鳙鳙鱼，长得像犁牛，发出的声音如同猪叫。

又南三百里，曰藟山，其上有玉，其下有金。湖水出焉，东流注于食水，其中多活师[1]。

［注释］

1 活师：又叫活东，蝌蚪的别名，是青蛙、蛤蟆等两栖动物的幼体，头又圆又大而尾巴细小，游于水中。

［译文］

再向南三百里，有座藟山，山上有玉，山下有金。湖水从这座山发源，向东流入食水，水中有很多蝌蚪。

又南三百里，曰栒状之山，其上多金玉，其下多青碧石。有兽焉，其状如犬，六足，其名曰从从，其鸣自詨[1]。有鸟焉，其状如鸡而鼠毛，其名曰蚩鼠[2]，见则其邑大旱。沢水出焉[3]，而北流注于湖水。其中多箴鱼[4]，其状如鲦[5]，其喙如箴，食之无疫疾。

［注释］

1 詨xiào：大声呼喊。

2 蚩zī鼠：传说中的一种怪鸟。

3 沢zhǐ水：古水名。

4 箴zhēn鱼：鱼名，“箴”通“针”，取其细长之意。

5 鲦tiáo：鲦鱼是一种细长的白色小鱼。

［译文］

再往南三百里，有座栒状山，山上盛产金属矿石和玉石，山下盛产青石和碧玉。山里有种野兽，样子像狗，却长着六只脚，名字叫从从，它的叫声就像呼喊自己的名字。山里有种鸟，样子像鸡，长着老鼠的毛，它的名字叫蚩鼠，它出现的地方，就会发生大旱灾。沢水从这山发源，向北注入湖水。沢水里有很多箴鱼，这鱼的形状像鲦鱼，嘴巴像根针，人吃了它不会感染瘟疫。

又南三百里，曰勃亝之山[1]，无草木，无水。

［注释］

1 勃亝qí：山名。亝，“齐”的古字。

［译文］

再往南三百里，有座勃亝山，山上没有草木，也没有水。

又南三百里，曰番条之山，无草木，多沙。減水出焉[1]，北流注于海，其中多鳡鱼[2]。

［注释］

1 减jiǎn水：水名。減，同“减”字。

2 鳡gǎn鱼：也叫竿鱼，古代称鳏鱼。身体长大，呈圆筒形，吻尖长，口大。生性凶猛，捕食各种鱼类。

［译文］

再往南三百里，有座番条山，这座山上没有花草树木，到处都是沙子。减水就从这山发源，向北流入大海，水里有很多鳡鱼。

又南四百里，曰姑儿之山，其上多漆，其下多桑柘。姑儿之水出焉，北流注于海，其中多鳡鱼。

［译文］

番条山南邻姑儿山，相距四百里。这座山的山上生长着很多漆树，山下生长着很多桑树和柘树。姑儿水就发源于这座山，流出山涧后便向北流去，汇入大海。姑儿水中有很多鳡鱼。

又南四百里，曰高氏之山，其上多玉，其下多箴石[1]。诸绳之水出焉，东流注于泽，其中多金玉。

[注释]

1 箴石：石制的针，古代治病工具，亦指可用以制针的石头。

[译文]

由姑儿山再往南四百里有座山，名叫高氏山。这座山的山上有很多玉石，山下有很多箴石。诸绳水就发源于这座山，流出山涧后便向东流去，汇入湖泽。诸绳水底有很多金属矿石和玉石。

又南三百里，曰岳山，其上多桑，其下多樗。泺水出焉，东流注于泽，其中多金玉。

[译文]

由高氏山再往南三百里有座山，名叫岳山。山上生长着很多桑树，山下生长着很多樗树。泺水就发源于这座山，流出山涧后便向东流去，汇入湖泽。泺水中有很多金属矿石和玉石。

又南三百里，曰犲山，其上无草木，其下多水，其中多堪孖之鱼。有兽焉，其状如夸父而彘毛，其音如呼，见则天下大水。

[译文]

由岳山再往南三百里有座山，名叫犲山。这座山上光秃秃的，寸草不生，山坡下倒是有很多水，水中有很多堪孖鱼。这座山上生活着一种野兽，形状似夸父，但周身都长着如猪鬃一样的毛，吼叫声像是人在呼喊。这种野兽一旦出现，便预示天下将发生特大水灾。

又南三百里，曰独山，其上多金玉，其下多美石。末涂之水出焉，而东南流注于沔，其中多偹蟰，其状如黄蛇，鱼翼，出入有光，见则其邑大旱。

[译文]

再向南三百里是独山，山上金属矿石和玉石蕴含丰富，山下有很多精致秀美的石头。末涂水发源于这座山，向东南流入沔水，水中多产偹蟰，它的形状像黄蛇，长着鱼的鳍，出入水中时闪着亮光。它出现在哪里，哪里就会发生大旱灾。

又南三百里，曰泰山，其上多玉，其下多金。有兽焉，其状如豚而有珠，名曰狪狪，其鸣自讠。环水出焉，东流注于江[1]，其中多水玉。

[注释]

1 江：一说“汶”之误。

[译文]

再向南三百里是泰山，山上盛产玉石，山下金属矿石蕴含丰富。山中生活着一种野兽，形状像猪，体内却含有珠子，它的名字叫狪狪，它的叫声就像是呼叫自己的名字。环水发源于这座山，向东流入汶水，水中有很多水晶石。

又南三百里，曰竹山，錞于江，无草木，多瑶、碧。激水出焉，而东南流注于娶檀之水，其中多茈蠃。

[译文]

再往南三百里，是座竹山，坐落于汶水边上，这座山没有花草树木，到处是瑶、碧一类的玉石。激水从竹山发源，向东南流入娶檀水，水中有很多紫色螺。

凡东山经之首，自樕螽之山以至于竹山，凡十二山，三千六百里。其神[1]状皆人身龙首。祠[2]：毛用一犬祈，衈[3]用鱼。

【注释】

1 神：指山神。

2 祠：祭祀。

3 衈èr：用牲血涂器祭神。

【译文】

总计东山经首经中的山，从樕螽山到竹山，一共十二座同，距离为三千六百里。这些山的山神形状都是人身龙首。祭祀他们的方法：毛物用一只狗作为祭品进行祭祀，并把鱼血涂在祭器上祷告。

东次二经之首，曰空桑之山，北临食水，东望沮吴，南望沙陵，西望湣泽。有兽焉，其状如牛而虎文，其音如钦，其名曰軨軨，其鸣自讠山，见则天下大水。

[译文]

东方第二列山系的首座山，叫空桑山，北面临近食水，在山上向东可以望见沮吴，向南可以望见沙陵，向西可以望见湣泽。山中有一种野兽，形状像普通的牛却有老虎一样的斑纹，发出的声音如同人在呻吟，名称是軨軨，它发出的叫声便是自身名称的发音。它一出现，天下就会发生水灾。

又南六百里，曰曹夕之山，其下多穀而无水，多鸟兽。

[译文]

再往南六百里，有座曹夕山，山下到处是构树，却没有水流，还生活着许多禽鸟野兽。

又西南四百里，曰峄皋之山[1]。其上多金、玉，其下多白垩。峄皋之水出焉，东流注于激女之水，其中多蜃珧[2]。

又南水行五百里，流沙三百里，至于葛山之尾，无草木，多砥砺。

[注释]

1 峄yí皋山：古山名。

2 蜃shén珧yáo：蜃，大蛤。蛤为一种软体动物，贝壳呈三角形而略圆，壳面有各色漂亮的斑纹。珧，小蚌。蚌也是一种软体动物，贝壳呈长卵形，壳面黑褐色或黄褐色，有环形纹理。

[译文]

从曹夕山再往西四百里，有座山名叫峄皋山。这座山上蕴藏丰富的金属矿石和玉石，山下有很多可用来涂饰墙壁的白色土。峄皋水从这山涧中流出，向东流入激女水。水中有很多大蛤和小蚌。

从峄皋山再往南经过五百里水路、三百里流沙，就到了葛山的尾端。这里没有草木，但有很多粗细的磨石。

又南三百八十里，曰葛山之首，无草木。澧水出焉，东流注于余泽，其中多珠蟞鱼[1]，其状如胏而有目[2]，六足，有珠，其味酸甘，食之无疠。

又南三百八十里，曰余峨之山。其上多梓、楠，其下多荆、芑[3]。杂余之水出焉，东流注于黄水。有兽焉，其状如菟而鸟喙，鸱目蛇尾，见人则眠，名犰狳[4]，其鸣自训，见则螽蝗为败[5]。

[注释]

1 珠蟞biē鱼：鱼名。古书中亦作“朱鳖”。

2 胏zǐ：带骨的肉脯。有目：郝懿行云：“此物图作四目……疑此经‘有目’当为‘四目’，字之讹也。”今译文从此说，作四目。

3 芑：通“杞”。即枸杞树。

4 犰狳：据郝懿行考证，犰狳当为犰qiú狳yú。古代传说中一种似兔的野兽。

5 螽zhōng：即螽斯，类似蝗虫的一种害虫，对农作物有害。

[译文]

从葛山的尾端再往南三百八十里，就到了葛山的首端。这里没有草木。澧水从这座山的山涧中流出，向东流入余泽。澧水中有很多珠蟞鱼，这种鱼形状似带骨的肉团，长有四只眼睛和六只脚，体内有珠子。这种鱼的味道酸中带甜，吃了这种鱼不会传染瘟疫。

从葛山首端再往南三百八十里，有座山名叫余峨山。这座山上生长着很多梓树和楠树，山下生长着许多荆棘和枸杞。杂余水从这座山的山涧中流出，向东流入黄水。山中有一种野兽，它的体形像兔，却有鸟一样的嘴，眼睛似鸱鸟眼，尾巴似蛇尾，一见有人便装死。这种兽名叫犰狳。它的叫声就像是在呼喊自己的名字。这种兽一出现，就会发生蝗虫的灾害。

又南三百里，曰杜父之山，无草木，多水。

[注释]

再向南三百里，有座杜父山，没有花草树木，到处流水。

又南三百里，曰耿山，无草木，多水碧[1]，多大蛇。有兽焉，其状如狐而鱼翼，其名曰朱獳，其鸣自训，见则其国有恐。

［注释］

1 水碧：就是前文所说的水玉之类，即水晶石。

［译文］

再向南三百里，有座耿山，没有花草树木，到处是水晶石，还有很多大蛇。山中有一种野兽，外形像狐狸却长着鱼鳍，叫作朱獳，发出的叫声就像是呼喊自己的名字。它在哪个国家出现，哪个国家就会有恐怖的事发生。

又南三百里，曰卢其之山，无草木，多沙石，沙水出焉，南流注于涔水，其中多鵹鹕[1]，其状如鸳鸯而人足，其鸣自训，见则其国多土功。

［注释］

1 鵹鹕：即鹈鹕鸟，也叫作伽蓝鸟、淘河鸟、塘鸟。它的体长可达两米，羽毛多是白色，翅大而阔，下颌底部有一大的皮囊，能伸缩，可以用来兜食鱼类动物。因为它的四趾之间有蹼相连，所以古人认为其足类似人脚。

[译文]

再向南三百里，有座卢其山，不生长花草树木，到处是沙子石头。沙水从这座山发源，向南流入涔水，水中有很多鹈鹕，外形像一般的鸳鸯却长着人一样的脚，发出的叫声就像是呼喊自己的名字。它在哪个国家出现，哪个国家就会有水土工程的劳役。

又南三百八十里，曰姑射之山，无草木，多水。

[译文]

再往南三百八十里，有座姑射山，山上没有草木，四处都是流水。

又南水行三百里，流沙百里，曰北姑射之山，无草木，多石。

[译文]

再往南行三百里水路，之后经过一百里流沙，就是北姑射山，山上没有花草树木，到处是石头。

又南三百里，曰南姑射之山，无草木，多水。

[译文]

再往南三百里，有座南姑射山，山上没有草木，四处都是流水。

又南三百里，曰碧山，无草木，多大蛇，多碧、水玉。

[译文]

再往南三百里，有座碧山，山上没有草木，有许多大蛇。山里盛产碧玉和水晶石。

又南五百里，曰缑氏之山[1]，无草木，多金玉。原水出焉，东流注于沙泽。

[注释]

1 缑gōu氏：山名。今河南偃师有缑氏山，传说王子侨在此修道成仙。

[译文]

再往南五百里，有座缑氏山，山上草木不生，蕴藏着丰富的金属矿石和玉石。原水就从这山发源，向东流入沙泽。

又南三百里，曰姑逢之山，无草木，多金玉。有兽焉，其状如狐而有翼，其音如鸿雁[1]，其名曰獙獙，见则天下大旱。

［注释］

1 鸿雁：大雁，形状略像鹅，嘴扁平，腿短，羽毛多为淡褐色，群居水边。

［译文］

缑氏山南邻姑逢山，相距三百里。这座山上光秃秃的，草木不生，但蕴藏着丰富的金属矿石和玉石。这座山中有一种兽，身形似狐狸，但长有一对翅膀，叫声似大雁鸣叫，它名叫獙獙。这种兽一旦出现，天下将有严重旱灾发生。

又南五百里，曰凫丽之山，其上多金玉，其下多箴石，有兽焉，其状如狐而九尾、九首、虎爪，名曰蛩蛭，其音如婴儿，是食人。

［译文］

姑逢山南邻凫丽山，相距五百里。这座山的山上蕴藏着丰富的金属矿石和玉石，山下有很多可用来制成石针的箴石。凫丽山中生活着一种野兽，身形似狐，但长有九条尾巴和九个脑袋，爪似虎，这种兽名叫蛮蛭。它的叫声像婴儿啼哭，是一种吃人兽。

又南五百里，曰䃌山，南临䃌水，东望湖泽，有兽焉，其状如马而羊目、四角、牛尾，其音如獆狗，其名曰峳峳。见则其国多狡客[1]。有鸟焉，其状如凫而鼠尾，善登木[2]，其名曰絜钩，见则其国多疫[3]。

凡东次二经之首，自空桑之山至于䃌山，凡十七山，六千六百四十里。其神状皆兽身人面载觡[4]。其祠：毛用一鸡祈，婴用一璧瘗。

[注释]

1 狡客：奸诈、狡诈之人。

2 登木：爬树、上树。

3 疫：瘟疫。

4 载：戴，戴在头上。觡：骨角、兽角。

[译文]

由凫丽山再往南五百里，有座䃌山。这座山南边濒临䃌水，往东可远眺湖泽。山中生活着一种野兽，身形似马，但眼睛似羊，角有四只，尾巴似牛，吼声似狗叫。这种野兽名叫峳峳。这种野兽一旦出现在哪里，哪个国家就会有奸臣出现。碑山中还有一种鸟，身形似野鸭子，尾巴似鼠，擅长攀缘树木，它名叫絜钩。这种鸟一旦出现在哪里，哪个国家将会发生瘟疫。

综观东山第二列山系，自空桑山到碑山，总计十七座山，绵延六千六百四十里。这十七座山的山神，身形都似野兽，但却长着人的面孔，头上还长着麋鹿似的角。祭祀这些山神时，毛物都是用一只鸡，玉器用一块璧玉，献祭后将玉埋在地下。

凡东次三经之首，曰尸胡之山，北望殚山，其上多金玉，其下多棘。有兽焉，其状如麋而鱼目，名曰妴胡，其鸣自训。

[译文]

东山第三列山系最北端的山，名叫尸胡山。这座山往北可远眺殚山。尸胡山的山上蕴藏着丰富的金属矿石和玉石，山下生长着茂密荆棘。尸胡山山中生活着一种野兽，身形似麋鹿，眼似鱼。它名叫妴胡，叫声就像呼喊自己的名字。

又南水行八百里，曰岐山[1]，其木多桃李，其兽多虎。

[注释]

1 岐山：山名。在今陕西省岐山县境内。

[译文]

由尸胡山再往南经八百里水路，就到了岐山。山上生长着桃树和李树，出没的野兽主要是老虎。

又南水行五百里，曰诸钩之山，无草木，多沙石。是山也，广员百里，多寐鱼[1]。

[注释]

1 寐鱼：又叫嘉鱼，古人称为鱼。这种鱼前部亚圆筒形，后部侧扁。体暗褐色。须二对，粗长。

[译文]

再向南行五百里水路，有座诸钩山，山上没有花草树木，到处是沙子和石头。这座山方圆一百里，有很多寐鱼。

又南水行七百里，曰中父之山，无草木，多沙。

[译文]

再向南行七百里水路，有座中父山，山上没有花草树木，到处是沙子。

又东水行千里，曰胡射之山，无草木，多沙石。

［译文］

再向东行一千里水路，有座胡射山，山中没有花草树木，到处是沙子和石头。

又南水行七百里，曰孟子之山，其木多梓桐，多桃李，其草多菌蒲[1]，其兽多麋鹿。是山也，广员百里。其上有水出焉，名曰碧阳，其中多鳣鲔[2]。

［注释］

1 菌蒲：即紫菜、石花菜、海带、海苔之类。

2 鳣：鳣鱼，古人认为它是一种大鱼，体形像鱼而鼻短，口在颔下，体有斜行甲，没有鳞，肉呈黄色，可达二三丈长。鲔：鲔鱼。

［译文］

再向南行七百里水路，是孟子山，山中的树木大多是梓树和桐树，还生长着茂密的桃树和李树，山中的草大多是菌蒲，山中的野兽大多是麋、鹿。这座山方圆一百里。有条溪水从山上流出，叫作碧阳，水中生长着很多鳣鱼和鲔鱼。

又南水行五百里，曰流沙，行五百里，有山焉，曰跂踵之山[1]。广员二百里，无草木，有大蛇，其上多玉。有水焉，广员四十里皆涌，其名曰深泽，其中多蠵龟[2]。有鱼焉，其状如鲤而六足鸟尾，名曰鲐鲐之鱼[3]，其名自训[4]。

又南水行九百里，曰踇隅之山[5]。其上多草木，多金、玉，多赭。有兽焉，其状如牛而马尾，名曰精精，其鸣自训。

［注释］

1 跂qī踵：跂踵山，古山名。

2 蠵xī龟：一种大龟。古俗称“灵龟”。龟甲上有纹彩，似玳瑁，但薄一些。

3 鲐gé：古代传说中的一种鱼。

4 名：郝懿行说：“名，藏经本作‘鸣’，是。”今从郝懿行说，并据汪绂本、吴任臣本、毕沅校本及推文意、文例改。

5 踇mǔ隅：古山名。

[译文]

从孟子山再往南沿水路前行五百里，是一片流沙地。再前行五百里，有座山名叫跂踵山。这座山方圆二百里，山上没有草木，有巨蛇。山上还盛产玉石。山中有个大水潭，方圆约四十里，有水从地下奔涌而出，名叫深泽，水里有很多蠵龟。水中还有一种鱼，它形状似鲤鱼，但长有六只足，尾似鸟尾，名叫鲐鲐鱼，这种鱼的叫声就像是呼喊自己的名字。

从跂踵山再往南沿水路前行九百里，有座山名叫踇隅山。这座山上有很多花草树木，还蕴藏着丰富的金属矿石、玉石，盛产红色的土。山中生活着一种兽，它身形似牛，但尾巴似马尾，名叫精精，它的叫声就像在呼喊自己的名字。

又南水行五百里，流沙三百里，至于无皋之山，南望幼海，东望榑木[1]，无草木，多风。是山也，广员百里。

[注释]

1 榑木：即扶桑，神话传说中的神木，叶似桑树叶，长数千丈，粗二十围，两两同根生，更相依倚，太阳就是从这里升起的。

［译文］

再向南行五百里水路，经过三百里流沙，便到了无皋山，从山上向南可以望见幼海，向东可以望见榑木，这里草木不生，到处刮大风。这座山方圆一百里。

凡东次三经之首，自尸胡之山至于无皋之山，凡九山，六千九百里。其神状皆人身而羊角。其祠：用一牡羊[1]，米用黍[2]。是神也，见则风雨水为败。

［注释］

1 牡：鸟兽的雄性。

2 黍：一种谷物，性黏，子粒供食用或酿酒。脱皮后，北方人称它为黄米。

［译文］

总计东方第三列山系的首尾，自尸胡山起到无皋山止，一共九座山，途经六千九百里。诸山山神的形貌都是人的身子却长着羊角。祭祀山神：毛物选用一只公羊作祭品，祀神的米用黄米。这些山神一出现就会刮大风、下大雨、发大水而损坏庄稼。

又东次四经之首，曰北号之山，临于北海。有木

焉，其状如杨，赤华，其实如枣而无核，其味酸甘，食之不疟。食水出焉，而东北流注于海。有兽焉，其状如狼，赤首鼠目，其音如豚，名曰猲狚[1]，是食人。有鸟焉，其状如鸡而白首，鼠足而虎爪，其名曰鬿雀[2]，亦食人。

又南三百里，曰旄山，无草木。苍体之水出焉，而西流注于展水。其中多鱃鱼[3]，其状如鲤而大首，食者不疣[4]。

［注释］

1 猲狚：郭璞注："葛苴二音。"郝懿行按："经文'猲狚'当为'獦狚'；注文'葛苴'当为'葛旦'，俱字形之讹也。《玉篇》《广韵》并作'獦狚'。"今译文从郝说。獦gé狚dàn，古代传说中的一种怪兽。

2 鬿qí雀：古代传说中一种凶恶的鸟。

3 鱃xiū鱼：即鳅鱼，俗称泥鳅。

4 疣：病名。一般指一种小肉瘤。

［译文］

又有东次四经所记述的东部山系第四列山脉的第一座山，名叫北号山。这座山濒临北海。山上生长着一种树木，它形状似杨树，开红色的花，果实似枣子，但果实里没长核，味道酸中带甜，吃了这种果实就可以预防疟疾。食水从这座山的山涧中流出，再向东北流入大海。山中有一种野兽，它身形似狼，红色的脑袋，眼睛似鼠目，声音像小猪的叫声。这种野兽名叫獦狚。这是一种吃人的野兽。山中还生活着一种鸟，它身形似鸡，但头是白色的，脚似鼠足，爪子似虎爪。这种鸟名叫鬿雀，也是一种吃人的鸟。

从北号山再往南三百里，有座山名叫旄山。山上没有草木。苍体水从这座山的山涧中流出，再向西流入展水。苍体水中有很多鱃鱼，它体形似鲤鱼，但鱼头较大。吃了这种鱼就不会长赘疣。

又南三百二十里，曰东始之山，上多苍玉。有木焉，其状如杨而赤理，其汁如血，不实，其名曰芑[1]，可以服马。泚水出焉，而东北流注于海，其中多美贝，多茈鱼，其状如鲋[2]，一首而十身，其臭如蘪芜[3]，食之不糟[4]。

[注释]

1 芑qǐ：通“杞”，杞柳。

2 鲋fù：鲫鱼。

3 臭xiù：气味。

4 糟pì：即屁，中医指元气下泄的疾病。

[译文]

再往南三百二十里，有座东始山，山上青玉产量很大。山里有种树，形状像杨树，有红色的纹理，树干的汁液颜色就像血液一样。这树不结果实，名字叫芑，把这树的汁液涂在马身上，马就会变得驯服。泚水从这山中发源，向东北注入大海。水里有很多美丽的贝壳，还有大量茈鱼。这鱼的形状像鲫鱼，有一个脑袋十个身体，它的气味与蘼芜差不多，人吃了它就会不放屁。

又东南三百里，曰女烝之山[1]，其上无草木。石膏水出焉，而西注于鬲水[2]，其中多薄鱼，其状如鳣鱼而一目，其音如欧[3]，见则天下大旱。

[注释]

1 女烝zhēng：山名。

2 鬲gé水：古水名。

3 欧：同“呕”，呕吐。

[译文]

再往东南三百里，有座女烝山，山上没有草木。石膏水就从这山发源，向西注入鬲水。水里有大量薄鱼，这鱼的形状像鳣鱼，只有一只眼睛，它的叫声就像人在呕吐。薄鱼一出现，天下就会发生大旱灾。

又东南二百里，曰钦山，多金玉而无石。师水出焉，而北流注于皋泽，其中多鱃鱼，多文贝。有兽焉，其状如豚而有牙[1]，其名曰当康，其鸣自叫，见则天下大穰[2]。

[注释]

1 牙：这里指露出唇外的獠牙锯齿。

2 穰ráng：庄稼丰收。

[译文]

再往东南二百里，有座钦山，山盛产金属矿石和玉石，但没有石头。师水就从这山发源，向北注入皋泽。水里有很多鱃鱼和五彩斑斓的贝壳。山里有种野兽，外形像小猪，长着呲出来的长獠牙，它的名字叫当康，它的叫声就像是呼喊自己的名字。当康一出现，天下就会获得好收成。

又东南二百里，曰子桐之山，子桐之水出焉，而西流注于余如之泽。其中多䱻鱼[1]，其状如鱼而鸟翼，出入有光，其音如鸳鸯，见则天下大旱。

[注释]

1 鲭huá鱼：传说中的鱼名。

[译文]

再往东南二百里，有座子桐山，子桐水从这山发源，向西注入余如泽。水里生长着很多鲭鱼，这鱼看起来和一般的鱼差不多，但长着鸟的翅膀，出入水里时都会闪着亮光。鲭鱼的叫声像鸳鸯，它一出现，天下就会发生大旱灾。

又东北二百里，曰剡山[1]，多金玉。有兽焉，其状如彘而人面，黄身而赤尾，其名曰合窳[2]，其音如婴儿。是兽也，食人，亦食虫蛇，见则天下大水。

[注释]

1 剡shàn山：山名。剡，古县名，在今浙江嵊州西南。

2 合窳yǔ：神话中的兽名。

[译文]

再往东北二百里，有座剡山，山里蕴藏着丰富的金属矿石和玉石。山中有种野兽，长得像猪，却有一张人的面孔，身体是黄色的，尾巴是红色的，它的名字叫合窳，叫声像婴儿啼哭。这种野兽以人和虫蛇为食。它一出现，天下就会发生大水灾。

又东二百里，曰太山，上多金玉、桢木[1]。有兽焉，其状如牛而白首，一目而蛇尾，其名曰蜚，行水则竭，行草则死，见则天下大疫。钩水出焉，而北流注于劳水，其中多鱃鱼。

［注释］

1 桢木：即女桢，一种灌木，冬天叶青翠不凋，其子可以入药。

［译文］

再往东二百里，有座太山，山上蕴藏丰富的金属矿石和玉石，还生长着大量女桢树。山里有种野兽，样子像牛，脑袋是白色的，只有一只眼睛，尾巴和蛇的一样。它的名字叫蜚，凡是这野兽路过的地方，水会干涸，草木会枯死。它一出现，天下就会发生严重的瘟疫。钩水从这山发源，向北注入劳水，水里有很多鱃鱼。

凡东次四山之首，自北号之山至于太山，凡八山，一千七百二十里。

[译文]

东方第四列山系，从北号山起到太山，一共有八座山，行经一千七百二十里。

右东经之山，凡四十六山，万八千八百六十里。

[译文]

以上就是东方所有山脉的记录，总共有四十六座山，行经一万八千八百六十里。

鸣蛇

卷五　中山经

中山经薄山之首，曰甘枣之山，共水出焉，而西流注于河。其上多杻木。其下有草焉，葵本而杏叶[1]。黄华而荚实[2]，名曰箨，可以已瞢[3]。有兽焉，其状如䖘鼠而文题，其名曰𪕰，食之已瘿[4]。

[注释]

1 杏叶：杏树的叶子。

2 荚：豆科植物的长扁形之果实，由一个皮壳构成，通常在成熟时裂开为两片。

3 瞢：通“瞢”，眼目不明。

4 瘿：生在皮肤、肌肉、筋骨等处的肿块。

[译文]

中央第一列山系为薄山山脉。薄山山脉首座山的山名叫甘枣山。共水就发源于这座山，流出山涧后向西流入黄河。甘枣山上生长着很多杻树。山下生长着一种草，草茎似葵草，叶似杏叶，开黄花，结荚果。这种草名叫箨，可以用来医治眼花。山上还生活着一种野兽，形状似鼣鼠，额头上有花纹。名叫𧸘，人吃了可以医治皮肤的瘤或肿块。

又东二十里，曰历儿之山，其上多橿，多栃木，是木也，方茎而圆叶，黄华而毛，其实如楝[1]，服之不忘[2]。

[注释]

1 楝：楝树，又叫“苦楝”。落叶乔木，花淡紫色，果实椭圆形，黄褐色，果实和根皮均可药用。木材可供建筑及制器具等用。

2 忘：健忘。

[译文]

由甘枣山往东二十里有座山，名叫历儿山。历儿山上生长着很多橿树，还有一种名叫栃木的树，这种树的树干是方柱形的，叶子圆圆的，开出的花朵是黄色的，表面还有一层绒绒的细毛，结出的果实似楝子，人吃了可医治健忘症。

又东十五里，曰渠猪之山，其上多竹，渠猪之水出焉，而南流注于河。其中是多豪鱼[1]，状如鲔，赤喙尾赤羽，可以已白癣[2]。

[注释]

1 豪鱼：神话传说中的一种鱼。

2 白癣：亦称“蛀毛癣”或“白秃”，由皮肤感染真菌引起的一种疾病。

[译文]

由历儿山往东十五里有座山，名叫渠猪山。渠猪山满山生长着竹子。渠猪水就发源于这座山，流出山涧后往南流入黄河。渠猪水中有很多豪鱼。这种鱼形状似鲔鱼，但嘴巴是红色的，尾巴上还长有红色的羽毛。这种鱼可以用来医治白癣病。

又东三十五里，曰葱聋之山，其中多大谷，是多白垩，黑、青、黄垩。

[译文]

由渠猪山再往东三十五里有座山，名叫葱聋山。葱聋山沟谷纵深，谷中有很多白色土，还有很多可用作颜料的黑色、青色和黄色的土。

又东十五里，曰涹山，其上多赤铜，其阴多铁。

[译文]

再向东十五里的地方，有一座山叫涹山。山上蕴藏着丰富的赤铜，山背阴的北面蕴藏着丰富的铁。

又东七十里，曰脱扈之山。有草焉，其状如葵叶而赤华，荚实，实如棕荚，名曰植楮，可以已癙[1]，食之不眯[2]。

[注释]

1 癙：忧病。

2 眯：梦魇yǎn。梦魇是指人在睡梦中梦见可怕的事而呻吟、惊叫。

[译文]

再向东七十里的地方，有一座山叫脱扈山。山中有一种草，叶子的形状像葵叶，开着绚丽的红色花朵，长荚结实，果实像棕榈树的荚，它名叫植楮。人们如果吃了这种果实，可以治愈忧郁病，还可以不患梦魇。

又东二十里，曰金星之山，多天婴[1]，其状如龙骨[2]，可以已痤[3]。

［注释］

1 天婴：不详何种植物。

2 龙骨：据古人讲，在山岩河岸的土穴中常有死龙的骨骼，而生长在这种地方的植物就叫龙骨。

3 痤：即痤疮，一种皮肤病。

［译文］

再向东二十里的地方，有座金星山。山中有很多天婴，它的形状同龙骨相似，可以用它医治痤疮。

又东七十里，曰泰威之山。其中有谷，曰枭谷，其中多铁。

又东十五里，曰橿谷之山[1]。其中多赤铜。

又东百二十里，曰吴林之山。其中多荔草[2]。

[注释]

1 橿jiāng谷之山：古山名。郭璞说："或作'檀谷之山'。"

2 蓌：一种香草。郝懿行按："《众经音义》引《声类》云，'蓌，兰也'。又引《字书》云：'蓌与蕑同，蕑即蘭（兰）也。'是'蓌'乃香草。"

[译文]

从金星山再往东七十里，有座山名叫泰威山。山上有谷，名枭谷。枭谷中蕴藏着丰富的铁矿石。

从泰威山再往东十五里，有座山名叫橿谷山。山中蕴藏着丰富的赤铜矿石。

从橿谷山再往东一百二十里，有座山名叫吴林山。山中生长着很多兰之类的香草。

又北三十里，曰牛首之山。有草焉，名曰鬼草，其叶如葵而赤茎，其秀如禾[1]，服之不忧。劳水出焉，而西流注于潏水，是多飞鱼，其状如鲋鱼，食之已痔衕。

[注释]

1 秀：这里指草开的花。

［译文］

再向北三十里是牛首山。山中有一种草，名叫鬼草，它的叶子像葵叶，但茎是红色的，它的花絮像禾苗吐穗，服食它可以使人无忧。劳水发源于这座山，向西流入潏水。水中多有飞鱼，形状像鲋鱼，吃了它可以治疗痔疮和痢疾。

又北四十里，曰霍山，其木多穀。有兽焉，其状如狸[1]而白尾有鬣，名曰朏朏，养之可以已忧。

［注释］

1 狸：狸猫，野猫的一种。

［译文］

再向北四十里是霍山，山上的树木以构树为主。山中有一种野兽，形状像狸猫，但长着白色的尾巴，脖子上有鬃毛，它的名字叫朏朏，人如果饲养这种动物可以消除忧愁。

又北五十二里，曰合谷之山，是多薝棘[1]。

又北三十五里，曰阴山，多砺石、文石。少水出焉，其中多雕棠，其叶如榆叶而方，其实如赤菽[2]，食之已聋。

［注释］

1 蘑zhān棘：郝懿行疑即“颠棘”。颠棘，亦作天棘，即天门冬。

2 菽shū：本指大豆，引申泛指豆类。

［译文］

从霍山再向北五十二里，有座山名叫合谷山。这座山上生长着许多蘑棘。

从合谷山再往北三十五里，有座山名叫阴山。山上有很多磨刀石和带有花纹的石头。少水从这座山中流出，山上有很多雕棠树。这种树的叶子像榆树叶，但形状呈方形，它的果实像红豆，吃了可以医治耳聋。

又东北四百里，曰鼓镫之山[1]，多赤铜。有草焉，名曰荣草，其叶如柳，其本如鸡卵，食之已风。

凡薄山之首，自甘枣之山至于鼓镫之山，凡十五山，六千六百七十里。历儿，冢也，其祠礼：毛，太牢之具，县婴以吉玉；其余十三者，毛用一羊，县婴用桑封，瘗而不糈。桑封者，桑主也，方其下而锐其上，而中穿之加金。

[注释]

1 鼓镫dēng：古山名。

[译文]

从阴山再往东四百里，有座山名叫鼓镫山。山上蕴藏着丰富的赤铜矿石。山中生长着一种草，名叫荣草。这种草的叶似柳叶，根茎如鸡蛋，吃了它可以医治风寒病。

综观中部山系薄山山脉，从排在首位的甘枣山起，到鼓镫山止，共十五座山，绵延六千六百七十里。其中历儿山是最大的，祭祀这尊山神的礼仪：毛物用全猪、全牛、全羊三牲全备的太牢礼祭祀，玉器用吉玉。其余十三座山祭祀山神时，毛物用一头羊，玉器用桑封，将它们埋在地里，祭祀时不用精米。桑封，就是桑主。这玉石制的神主下端是方的，上端是尖的，中间穿孔，加上金片作装饰。

中次二经济山之首，曰辉诸之山，其上多桑，其兽多闾[1]、麋，其鸟多鹖[2]。

[注释]

1 闾：前文所说的外形像驴，但长着羚羊角的山驴。

2 鹖：鹖鸟。

[译文]

中央第二列山系济山山系的首座山，叫作辉诸山，山上生长着茂密的桑树，山中的野兽大多是山驴和麋鹿，而禽鸟大多是鹖鸟。

又西南二百里，曰发视之山，其上多金玉，其下多砥砺。即鱼之水出焉，而西流注于伊水。

[译文]

再向西南二百里，有座山名叫发视山，山上蕴藏着丰富的金属矿石和玉石，山下盛产磨石。即鱼水从这座山发源，向西流入伊水。

又西三百里，曰豪山，其上多金玉而无草木。

[译文]

再向西三百里，是豪山，山上蕴藏着丰富的金属矿石和玉石，而没有花草树木。

又西三百里，曰鲜山，多金玉，无草木，鲜水出焉，而北流注于伊水。其中多鸣蛇，其状如蛇而四翼，其音如磬，见则其邑大旱。

[译文]

再向西三百里，有座鲜山，山中蕴藏着丰富的金属矿石和玉石，但不生长花草树木。鲜水从这座山发源，向北流入伊水。水中有很多鸣蛇，外形像一般的蛇，却长着四只翅膀，叫声如同敲磬的声音。它在哪个地方出现，哪里就会发生大旱灾。

又西三百里，曰阳山，多石，无草木。阳水出焉，而北流注于伊水。其中多化蛇，其状如人面而豺身[1]，鸟翼而蛇行[2]，其音如叱呼，见则其邑大水。

[注释]

1 豺：一种凶猛的动物，比狼小一些，毛色一般是棕红色，尾巴的末端是黑色，腹部和喉部是白色。

2 蛇行：蜿蜒曲折地爬行。

[译文]

再向西三百里，有座阳山，山上到处是石头，没有花草树木。阳水从这座山发源，向北流入伊水。水中有很多化蛇，形貌是人的面孔、豺一样的身体，有禽鸟的翅膀，却像蛇一样爬行，发出的声音如同人在呵斥。它在哪个地方出现，哪里就会发生水灾。

又西二百里，曰昆吾之山，其上多赤铜[1]。有兽焉，其状如彘而有角，其音如号，名曰蚳蛭，食之不眯。

[注释]

1 赤铜：传说中昆吾山特有的一种铜，色彩鲜红，和赤火一样。用这种赤铜制作的刀剑非常锋利，切割玉石如同削泥一样。

[译文]

再向西二百里，有座昆吾山，山上蕴藏着丰富的赤铜。山中有一种野兽，长得像一般的猪，却长着角，发出的声音如同人号啕大哭，名叫作蚳蛭，吃了它的肉会使人不做噩梦。

又西百二十里，曰葌山。葌水出焉，而北流注于伊水，其上多金玉，其下多青、雄黄。有木焉，其状如棠而赤叶，名曰芒草[1]，可以毒鱼。

[注释]

1 芒草：又称莽草，也可单称为芒，一种有毒性的草，与另一种类似于茅草的芒草是同名异物。可能芒草长得高大如树，所以这里称它为树木，其实是草。

[译文]

再向西一百二十里，有座葌山。葌水从这座山发源，向北流入伊水。山上盛产金属矿石和玉石，山下盛产石青、雄黄。山中生长着一种树木，长得像棠梨树而叶子是红色的，名叫芒草，能够毒死鱼。

又西一百五十里，曰独苏之山，无草木而多水。

[译文]

再往西一百五十里，有座独苏山，山上没有草木，水资源丰富。

又西二百里，曰蔓渠之山，其上多金玉，其下多竹箭。伊水出焉，而东流注于洛。有兽焉，其名曰马腹，其状如人而虎身，其音如婴儿，是食人。

[译文]

再往西二百里，有座蔓渠山，山蕴藏着丰富的金属矿石和玉石，山下遍布着一簇簇低矮的竹子。伊水就从这山发源，向东注入洛水。山里有一种野兽，名叫马腹，它长着人的面孔和虎的身子，发出的声音酷似婴儿啼哭，吃人。

凡济山之首，自辉诸之山至于蔓渠之山，凡九山，一千六百七十里。其神皆人面而鸟身。祠用毛，用一吉玉，投而不糈。

[译文]

济山山系，从辉诸山起到蔓渠山，一共有九座山，行经一千六百七十里。诸山山神都长着人的面孔鸟的身子。祭祀山神的礼仪如下：用毛物作祭品，还要献一块美玉，把祭品都扔到山谷里，祭祀不用米。

中次三山萯山之首[1]，曰敖岸之山，其阳多㻬琈之玉[2]，其阴多赭[3]、黄金。神熏池居之。是常出美玉。北望河林，其状如茜如举[4]。有兽焉，其状如白鹿而四角，名曰夫诸，见则其邑大水。

[注释]

1 萯bèi山：山名。

2 㻬tū琈fú之玉：一种美玉。

3 赭zhě：一种红色矿石，可以用作染料。

4 如茜qiàn如举：茜，就是茜草，一种多年生草本植物，根是黄红色，可用作染料，也可入药。举就是榉柳，一种落叶乔木，叶小呈椭圆形，有毒。

[译文]

中央第三列山系叫萯山山系，它的首座山叫敖岸山，这山的南面有大量㻬琈玉，北面蕴藏丰富的赭石、黄金。一个叫熏池的神住在这里。在这座山中常常会发现美玉。从这山上向北望，可以看到黄河和大片丛林，它们的形状就像茜草和榉柳。山里有种野兽，形状像白鹿，长着四只角，名字叫夫诸，它在哪里出现，哪里就会发大水。

又东十里，曰青要之山，实惟帝之密都。北望河曲，是多驾鸟[1]。南望墠渚[2]，禹父之所化。是多仆累、蒲卢[3]。䰠武罗司之[4]，其状人面而豹文，小要而白齿[5]，而穿耳以鐻[6]，其鸣如鸣玉。是山也，宜女子。畛水出焉[7]，而北流注于河。其中有鸟焉，名曰䲹[8]，其状如凫，青身而朱目赤尾，食之宜子。有草焉，其状如葌，而方茎、黄华、赤实，其本如藁本[9]，名曰荀草，服之美人色。

[注释]

1 驾jiā鸟：一种鸟名。驾，或作“驾”。

2 墠tán渚：地名。渚，水中的小块陆地。

3 仆累、蒲卢：仆累即蜗牛，软体动物。蒲卢也是一种具有圆形贝壳的软体动物，蛤蚌一类。

4 魋shén：鬼中的神灵。

5 要：“腰”的古字。

6 镰qú：金银制成的耳环。

7 畛zhěn水：水名。

8 鴢yǎo：鸟名。

9 藁gǎo本：一种香草，可以入药。

[译文]

再往东十里有座青要山，那里是天帝的密都。从青要山向北可以望见黄河的弯曲处，这里有很多野鹅。从青要山向南看，则可以望见墠渚，墠渚是大禹的父亲鲧化为黄熊的地方，这里有很多蜗牛、蒲卢。山神武罗掌管着青要山，这个神长着人的面孔，身上长着豹的斑纹，有细小的腰身和洁白的牙齿，耳朵上挂着金银环，说话的声音就像玉石彼此撞击的声音。青要山适宜女子居住。畛水就从这里发源，向北流入黄河。山里有种鸟，名字叫鴢，形状像野鸭，身体是青色的，长着浅红的眼睛和深红的尾巴，吃了它能使人多生孩子。山里生长着一种草，形状像兰草，茎干是四方形的，开黄色的花朵，结红色的果实，根像藁本的根，它的名字叫荀草，吃了它能让人的气色变好。

又东十里，曰騩山，其上有美枣，其阴有㻬琈之

玉。正回之水出焉，而北流注于河。其中多飞鱼，其状如豚而赤文，服之不畏雷，可以御兵[1]。

［注释］

1 兵：指兵器。

［译文］

由青要山再往东十里有座山，名叫騩山。騩山的山上有很多味道甜美的枣树，山的北坡有很多㻬琈玉，正回水就发源于这座山，流出山涧后向北流入黄河。正回水里有很多飞鱼。这种鱼的形状似小猪，身上还有红色的花纹。人吃了这种鱼不仅不怕雷击，还可以防御兵灾。

又东四十里，曰宜苏之山，其上多金玉，其下多蔓居之木。滽滽之水出焉，而北流注于河，是多黄贝[1]。

［注释］

1 黄贝：水虫名，或指黄色的贝类。

［译文］

由騩山再往东四十里有座山，名叫宜苏山。宜苏山的山上蕴藏着丰富的金属矿石和玉石，山脚遍布蔓居树。滽滽水就发源于这座山，流出山涧后向北流入黄河。瀟瀟水中有很多黄色的贝类。

又东二十里，曰和山，其上无草木而多瑶碧，实惟河之九都[1]。是山也五曲，九水出焉，合而北流注于河，其中多苍玉。吉神泰逢司之[2]，其状如人而虎尾，是好居于萯山之阳，出入有光。泰逢神动天地气也。

凡萯山之首，自敖岸之山至于和山，凡五山，四百四十里。其祠：泰逢、熏池、武罗皆一牡羊副[3]，婴用吉玉。其二神用一雄鸡瘗之。糈用稌。

[注释]

1 都：汇聚之地。

2 吉神：对神的美称，掌吉善之神。泰逢：神名，泰逢神的形状与人相似，生有虎尾。

3 武罗：古代传说中的神名。副：剖开。

[译文]

由宜苏山再往东二十里有座山，名叫和山，和山山坡上光秃秃的，寸草不生，但有很多琼玉和碧玉。和山实际上是黄河的九都。这座山蜿蜒回旋，共盘转了五重，九条河从这里发源，然后汇合向北流入黄河。这九条河中有很多苍玉。

和山由吉神泰逢主管。泰逢神形似人，但长着一条虎尾。他爱住在萯山的南坡，出入都有光芒闪过。泰逢神神力很大，可以动天地之气，能兴起风云。

综观中部第三列萯山山系，西自敖岸山，东至和山，共有五座山，全长四百四十里。人们祭祀泰逢神、熏池神、武罗神时，都用一只剖开肚子的公羊，祭礼的玉用吉玉。祭祀另两座山的山神时，都是用一只公鸡，将公鸡埋在地下，祭祀的精米用稻米。

中次四经厘山之首，曰鹿蹄之山，其上多玉，其下多金。甘水出焉，而北流注于洛，其中多泠石[1]。

[注释]

1 泠石：一种柔软如泥的石头。

[译文]

中央第四列山系是厘山山系，首座山叫鹿蹄山。山上遍布璀璨的美玉，山下遍布黄澄澄的金子。甘水从此山发源，向北流去，注入洛水，水中有很多像泥一样柔软的石头。

西五十里，曰扶猪之山，其上多礝石[1]。有兽焉，其状如貉而人目[2]，其名曰麈。虢水出焉，而北流注于洛，

其中多碝石。

［注释］

1 碝：也写成“碝”“瑌”。碝石是次于玉一等的美石。白色的碝石如冰一样透明，而水中的碝石是红色的。

2 貉：也叫狗獾，是一种野兽。外形像狐狸，体态较肥胖，尾巴较短，尾毛蓬松，耳朵短而圆，两颊有长毛，体色棕灰。

［译文］

向西五十里的地方，有座山名叫扶猪山。山上遍布着许多碝石，它是一种稍次于玉的石头。山中生活着一种兽，它的形体与貉相似，但长着一副人面，名叫麐。虢水从此山发源，向北流去，注入洛水，水中遍布着碝石。

又西一百二十里，曰厘山，其阳多玉，其阴多蒐[1]。有兽焉，其状如牛，苍身，其音如婴儿，是食人，其名曰犀渠。滽滽之水出焉，而南流注于伊水。有兽焉，名曰獭，其状如獳犬而有鳞[2]，其毛如彘鬣。

［注释］

1 蒐：即茅蒐，现在称作茜草。它的根是紫红色，可做染料，并能入药。

2 猘犬：发怒的狗。

[译文]

再向西一百二十里的地方，有座山名叫厘山。山向阳的南坡遍布着璀璨的美玉；山背阴的北坡生长着茂密的茜草。山中奔跑着一种兽，它的形体很像牛，苍色的体躯，叫声如同婴儿啼哭。这种野兽凶残贪婪，能吃人，名叫犀渠。滽滽水发源于这座山，向南流去注入伊水。山中还生活着一种兽，它的名字叫獙。它的形状像发怒之犬，身上长着鳞甲，毛从鳞甲与鳞甲之间长出，像猪鬃一样。

又西二百里，曰箕尾之山，多穀，多涂石[1]，其上多㻬琈之玉。

[注释]

1 涂石：就是上文所说的泠石，石质如泥一样柔软。

[译文]

再向西二百里的地方，有座箕尾山。山上生长着茂盛的构树，盛产涂石和㻬琈美玉。

又西二百五十里，曰柄山。其上多玉，其下多铜。滔雕之水出焉，而北流注于洛。其中多羬羊。有木焉，其状如樗，其叶如桐而荚实，其名曰茇[1]，可以毒鱼。

又西二百里，曰白边之山。其上多金、玉，其下多青、雄黄。

［注释］

1 茇bá：据郝懿行考证，“茇”当为“芫”字，因字形相近而讹。芫yuán，芫花，属落叶灌木。花蕾可入药，有毒。

［译文］

从箕尾山再往西二百五十里，有座山名叫柄山。这座山上有很多玉石，山下蕴藏着丰富的铜矿石。滔雕水从这山涧中流出，再向北流入洛河。柄山中有很多大尾羊。山中生长着一种树木，形似臭椿，叶似桐树叶，而果实为荚果，名叫茇。这种植物会毒死鱼类。

从柄山再往西二百里，有座山名叫白边山。这座山山上蕴藏着丰富的金属矿石和玉石，山下有很多石青、雄黄石。

又西二百里，曰熊耳之山。其上多漆，其下多棕。浮濠之水出焉，而西流注于洛。其中多水玉，多人鱼。

有草焉，其状如苏而赤华[1]，名曰葶苧[2]，可以毒鱼。

又西三百里，曰牡山。其上多文石，其下多竹箭、竹䉋[3]，其兽多㸲牛、羬羊，鸟多赤鷩[4]。

［注释］

1 苏：即紫苏，又名山苏。一年生草本植物。种子可榨油，嫩叶可作蔬菜。中医学上以枝、叶、茎、子入药，有发表散寒、理气宽中、顺气安胎、降气平喘、祛痰止咳的功效。

2 葶tíng苧：古野生植物名。

3 䉋mèi：竹子的一种。

4 赤鷩bì，又音biē：即赤雉。雉的一种，即锦鸡。

［译文］

从白边山再往西二百里，有座山名叫熊耳山。这座山上生长着许多漆树，山下生长着很多棕树。浮濠水从这座山的山涧中流出，再向西流入洛河。浮濠水中有很多水晶，还有很多人鱼。熊耳山中有一种草，形似紫苏，开红色的花，名叫葶苧，这种植物会毒死鱼类。

从熊耳山再往西三百里，有座山名叫牡山。这座山上有很多带花纹的石头，山下有很多竹箭和竹䉋。山中生活的兽类主要是㸲牛、羬羊，鸟类大多是锦鸡。

又西三百五十里，曰讙举之山。雒水出焉，而东北流注于玄扈之水，其中多马肠之物[1]。此二山者，洛间也。

凡厘山之首，自鹿蹄之山至于玄扈之山，凡九山，千六百七十里。其神状皆人面兽身。其祠之，毛用一白鸡，祈而不糈，以采衣之[2]。

［注释］

1 马肠：即上文所述蔓渠山的“马腹”，一本作“马肠”，古代传说中一种人面虎身兽。

2 衣：作动词用，穿的意思。此处为包裹的意思。

［译文］

从牡山再往西三百五十里，有座山名叫讙举山。洛水从这山涧中流出，再向东北流入玄扈水，洛水岸边有很多马腹之类的动物。讙举山邻近玄扈山。洛水流经这两座山之间。

综观中部山系第四列山脉厘山山系，自鹿蹄山起，至玄扈山止，共计九座山，绵延一千六百七十里。这九座山的山神形貌都是人的面孔，兽的身形。祭祀这九座山神时，毛物用一只白鸡取血涂祭，不用精米作祭品，用彩帛将祭品加以裹饰。

中次五经薄山之首，曰苟林之山，无草木，多怪石。

[译文]

中央第五列山系薄山山系的首座山，叫作苟林山，不生长花草树木，到处是奇形怪状的石头。

东三百里，曰首山，其阴多榖柞[1]，其草多茉芫，其阳多㻬琈之玉，木多槐。其阴有谷，曰机谷，多䳇鸟，其状如枭而三目，有耳，其音如录，食之已垫。

[注释]

1 柞：柞树，也叫蒙子树、凿刺树、冬青，常绿灌木，初秋开花，雌雄异株，花小，黄白色，浆果小球形，黑色。

[译文]

向东三百里，有座山名叫首山，山北面生长着茂密的构树、柞树，这里的草以茉草、芫华居多。山南面盛产㻬琈玉，这里生长的树木以槐树居多。这座山的北面有一个峡谷，叫作机谷，峡谷里有许多䳇鸟，外形像猫头鹰却长着三只眼睛，还有耳朵，发出的声音如同鹿鸣叫，人吃了它的肉可以治好湿气病。

又东三百里，曰县㔩之山，无草木，多文石。

[译文]

再向东三百里，是县㔩山，没有花草树木，到处是色彩斑斓的石头。

又东三百里，曰葱聋之山，无草木，多摩石[1]。

[注释]

1 摩石：即玤石，是次于玉石一等的石头。

[译文]

再向东三百里，是葱聋山，没有花草树木，到处是玤石。

东北五百里，曰条谷之山，其木多槐桐，其草多芍药、虋冬[1]。

[注释]

1 虋冬：药草名，即门冬，分为麦门冬和天门冬两种。

[译文]

再向东北行五百里，是条谷山，山上多槐树、梧桐之类的树木，另外还有很多芍药、门冬等草药。

又北十里，曰超山，其阴多苍玉，其阳有井[1]，冬有水而夏竭。

[注释]

1 井：井是人工开挖的，泉是自然形成的，而本书记述的山之所有皆为自然事物，所以这里的“井”是指泉眼下陷而低于地面的水泉，形似水井，故称。

[译文]

再向北十里，有座山名叫超山，山北面到处是青玉，山南面有一眼水泉，冬天有水，到夏天就干枯了。

又东五百里，曰成侯之山，其上多櫄木[1]，其草多芃[2]。

[注释]

1 櫄chūn木：即椿树。

2 芃jiāo：即秦芃，一种药材。

[译文]

再往东五百里，有座成侯山，这山上生长着很多櫄树，草以秦艽居多。

又东五百里，曰朝歌之山，谷多美垩。

[译文]

再往东五百里，有座朝歌山，山谷里大量出产优质垩土。

又东五百里，曰槐山，谷多金锡。

[译文]

再往东五百里，有座槐山，山谷里盛产金和锡。

又东十里，曰历山[1]，其木多槐，其阳多玉。

[注释]

1 历山：在山西西南部，传说舜曾在此耕种。

[译文]

再往东十里，有座历山，山上有很多槐树，山的南面盛产玉石。

又东十里，曰尸山，多苍玉，其兽多麖[1]。尸水出焉，南流注于洛水，其中多美玉。

[注释]

1 麖jīng：鹿的一种，即水鹿。又名马鹿、黑鹿。体形较大，棕黑色，善于奔跑。

[译文]

再往东十里，有座尸山，山上苍玉储量丰富，山中生活的野兽以麖为多。尸水就从这座山发源，向南注入洛水，水里盛产优质的玉石。

又东十里，曰良余之山，其上多穀柞，无石。余水出于其阴，而北流注于河；乳水出于其阳，而东南流注于洛。

[译文]

再往东十里，有座良余山，山上生长着大量的构树和柞树，没有石头。余水从良余山的北麓流出，往北注入黄河。乳水从良余山的南麓流出，向东南注入洛水。

又东南十里，曰蛊尾之山，多砺石、赤铜。龙余之水出焉，而东南流注于洛。

[译文]

再往东南十里，有座蛊尾山，山中盛产磨刀石、黄铜。龙余水就从这山发源，向东南注入洛水。

又东北二十里，曰升山，其木多榖、柞、棘，其草多藷萸、蕙[1]，多寇脱[2]。黄酸之水出焉，而北流注于河，其中多璇玉。

[注释]

1 藷shǔ萸yù：也就是山药。可以食用也可以入药。蕙：香草名。

2 寇脱：一种生长在南方的草。

[译文]

再往东北二十里，有座升山，山上的树以构树、柞树、酸枣树为多，草则以山药、蕙草为主，还有很多寇脱草。黄酸水就从这座山发源，向北注入黄河，水里盛产璇玉。

又东十二里，曰阳虚之山，多金，临于玄扈之水。

凡薄山之首，自苟林之山至于阳虚之山，凡十六山，二千九百八十二里。升山，冢也，其祠礼：太牢，婴用吉玉。首山，䰠也[1]，其祠用稌、黑牺太牢之具、糵酿[2]；干儛[3]，置鼓；婴用一璧。尸水，合天也[4]，肥牲祠之；用一黑犬于上，用一雌鸡于下，刉一牝羊[5]，献血。婴用吉玉，采之，飨之。

[注释]

1 䰠：神灵。

2 糵：酒曲，酿酒发酵时米粒上生长出的菌丝。糵酿：这里指美酒。

3 干儛：手拿盾牌起舞，用于古代祭祀时。干，即盾牌。儛，同“舞”，舞蹈，跳舞。

4 合天：合乎天道。

5 刉：亦作“钊”。断切；割。

[译文]

由升山再往东十二里有座山，名叫阳虚山。阳虚山蕴藏着丰富的金属矿石。阳虚山濒临玄扈水。

综观中部第五列山系，即薄山山脉，西自苟林山，东至阳虚山，共计十六座山，绵延二千九百八十二里。其中升山是祭大礼的地方。祭祀升山山神的礼仪：祭祀的毛物用猪、牛、羊，祭祀的玉器用吉玉。首山是神灵所在的大山。祭祀首山山神时，精米用稻米，祭祀的牲畜用黑色的猪、牛、羊，还要用美酒，祭祀的人们挥舞着盾牌，在鼓声伴击下舞蹈。祭祀的玉器用一块完整的璧玉。尸山的山神是天神所遣。祭祀尸山山神时，牲畜要选用肥的，先用一只黑色的犬供在上边，再将一只母鸡供在下边，然后划破一只雌羊，取羊血来祭献。祭祀的玉器用吉玉，先将牲畜的血涂在吉玉上，再将它放在供品上，祭祀山神。

中次六经缟羝山之首，曰平逢之山，南望伊洛[1]，东望谷城之山，无草木，无水，多沙石。有神焉，其状如人而二首，名曰骄虫，是为螫虫[2]，实惟蜂蜜之庐[3]，其祠之：用一雄鸡，禳而勿杀[4]。

［注释］

1 伊洛：伊水与洛水。两水汇流，多连称，亦指伊洛流域。

2 螫虫：尾部有毒针可刺人的虫。

3 蜜：蜜蜂的一种。

4 禳：祭名。祈祷消除灾殃、去邪除恶之祭。

［译文］

中部第六列山系是缟羝山脉，最东端的一座山名叫平逢山。站在平逢山巅，往南可眺望伊水和洛河，朝东可望谷城山。平逢山上光秃秃的，寸草不生，也没有一滴水，漫山遍野都是沙砾和石头。平逢山的山神身形似人，但有两个脑袋。他的名字叫骄虫。他实际上是所有螫虫的首领，也是一切蜂类动物的归宿之处。祭祀骄虫的礼仪：用一只公鸡作祭品，不要杀死，就用活的放在供品处，以祈祷消灾。

西十里，曰缟羝之山，无草木，多金玉。

［译文］

由平逢山再往西十里有座山，名叫缟羝山。缟羝山上光秃秃的，没有花草树木，满山都是金矿石和玉石。

又西十里，曰廆山[1]。其阴多㻬琈之玉[2]。其阴有谷焉，名曰雚谷[3]，其木多柳、楮。其中有鸟焉，状如山鸡而长尾，赤如丹火而青喙。名曰鸰鹦[4]，其鸣自呼，服之不眯。交觞之水出于其阳[5]，而南流注于洛；俞随之水出于其阴，而北流注于谷水。

又西三十里，曰瞻诸之山。其阳多金，其阴多文石。谢水出焉[6]，而东南流注于洛，少水出其阴，而东流

注于谷水。

[注释]

1 瘣guī山：古山名。

2 其阴：郝懿行说："《水经注》及《太平御览》六十三卷引此经作'其阳'。"

3 雚guàn谷：古山谷名。

4 鸰líng䴈yāo：古代传说中的一种鸟。

5 交觞shāng之水：古水名。

6 谢xiè水：古水名。

[译文]

从缟羝山再往西十里，有座山名叫瘣山。这座山的北坡有很多带有美丽花纹的石头。山的北面有个山谷，名雚谷。谷中生长的树木多为柳树和楮树。山中有一种鸟，形状像山鸡，但尾巴很长，周身火红火红的，嘴是青色的。这种鸟名叫鸰䴈，它的鸣叫声就像在呼喊自己的名字。吃了这种鸟的肉，就不会患梦魇病症。交觞水从这座山的南麓流出，向南流入洛河。俞随水从这座山的北麓流出，向北流入谷水。

从瘣山再往西三十里，有座山名叫瞻诸山。这座山的南坡有很多金属矿石，山的北坡有很多带花纹的石头。谢水从这山中流出，向东南流入洛河。少水从这座山的北麓流出，向东流入谷水。

又西三十里，曰娄涿之山。无草木，多金、玉。瞻水出于其阳，而东流注于洛。陂水出于其阴，而北流注于穀水。其中多茈石、文石。

又西四十里，曰白石之山。惠水出于其阳，而南流注于洛，其中多水玉。涧水出于其阴，西北流注于谷水，其中多麋石[1]、栌丹[2]。

［注释］

1 麋石：麋，通“眉”。麋石即眉石，一种可用来制作描饰眉毛等涂饰品的黑色矿石。

2 栌丹：栌，通“卢”。卢是黑色的意思。卢丹即黑丹砂，一种黑色矿物。

［译文］

从瞻诸山再往西三十里，有座山名叫娄涿山。山上没有草木，但有很多金属矿石和玉石。瞻水从娄涿山的南麓流出，向东流入洛河。陂水从山的北麓流出，向北流入穀水。陂水中有很多紫色的石头和带有花纹的石头。

从娄涿山再往西四十里，有座山名叫白石山。惠水从这座山的南麓流出，向南流入洛河。惠水中有很多水晶。涧水从白石山的北麓流出，向西北流入谷水。涧水中有很多麋石和栌丹石。

又西五十里，曰谷山，其上多榖，其下多桑。爽水出焉，而西北流注于谷水，其中多碧绿[1]。

［注释］

1 碧绿：据学者研究，可能指现在所说的孔雀石，色彩艳丽，可以制作装饰品和绿色涂料。

［译文］

再向西五十里的地方，是谷山。山顶构树茂密，山下桑林成荫。爽水发源于此山，向西北注入谷水，水中遍布着很多孔雀石。

又西七十二里，曰密山，其阳多玉，其阴多铁。豪水出焉，而南流注于洛，其中多旋龟，其状鸟首而鳖尾，其音如判木[1]。无草木。

［注释］

1 判木：劈木头。

[译文]

再向西七十二里的地方，是密山。山向阳的南坡上玉石遍布，山背阴的北坡蕴藏着丰富的铁矿石。豪水发源于此山，向南流入洛水。水中生活着许多旋龟，它的形体是鸟头、鳖尾，叫声好像劈木头。密山上草木不生。

又西百里，曰长石之山，无草木，多金玉。其西有谷焉，名曰共谷，多竹。共水出焉，西南流注于洛，其中多鸣石[1]。

[注释]

1 鸣石：古人说是一种青色玉石，撞击后发出巨大鸣响，七八里以外都能听到，属于可用于制作乐器的磬石之类。

[译文]

再向西一百里的地方，是长石山。山顶光秃，没有树木花草，但山上金属、玉石遍布。山的西边有一道深深的峡谷，名叫共谷，谷中丛竹茂密。共水从山中流出，滔滔向西南流去，注入洛水，水中有很多鸣石。

又西一百四十里，曰傅山，无草木，多瑶碧。厌染

之水出于其阳，而南流注于洛，其中多人鱼。其西有林焉，名曰墦冢。谷水出焉，而东流注于洛，其中多珚玉[1]。

［注释］

1 珚玉：玉的一种。

［译文］

再向西一百四十里的地方，有座山，名叫傅山。山上光秃，没有树木花草，但遍布着许多晶莹的美玉。厌染水从傅山南麓流出，向南流去注入洛水。水中生活着许多人鱼。在傅山西面有一片茂密的森林，叫作墦冢。谷水从山中流出，向东流去注入洛水，水中有许多美玉。

又西五十里，曰橐山，其木多樗，多橎木[1]，其阳多金玉，其阴多铁，多萧[2]。橐水出焉，而北流注于河。其中多修辟之鱼，状如黾而白喙[3]，其音如鸱，食之已白癣。

［注释］

1 橎木：古人说这种树在七八月间吐穗，穗成熟后，像有盐粉沾在上面。

2 萧：蒿草的一种。

3 黾：青蛙的一种。

[译文]

再向西五十里，是座橐山，山中的树木大多是臭椿树，还有很多楠树，山南面蕴藏着丰富的金属矿石和玉石，山北面蕴藏着丰富的铁矿石，还生长着茂密的萧草。橐水从这座山发源，向北流入黄河。水中有很多修辟鱼，外形像一般的蛙，却长着白色嘴，发出的声音如同鹞鹰鸣叫，人吃了它的肉能治愈白癣病。

又西九十里，曰常烝之山，无草木，多垩，潐水出焉，而东北流注于河，其中多苍玉。菑水出焉，而北流注于河。

[译文]

再向西九十里，是常烝山，山上没有花草树木，但有多种颜色的垩土。潐水从这座山发源，向东北流入黄河，水中有很多苍玉。菑水也从这座山发源，向北流入黄河。

又西九十里，曰夸父之山，其木多棕楠，多竹箭，其兽多㸲牛、羬羊，其鸟多赤鷩，其阳多玉，其阴多

铁。其北有林焉，名曰桃林，是广员三百里，其中多马。湖水出焉，而北流注于河，其中多珚玉。

[译文]

再向西九十里，是座夸父山，山中的树木以棕树和楠树最多，还有茂盛的小竹丛，山中生活的野兽以㸲牛、羬羊最多，而禽鸟以赤鷩最多，山南面盛产玉石，山北面蕴含丰富的铁矿石。这座山北面有一片树林，叫作桃林，这片树林方圆三百里，林子里有很多马。湖水从这座山发源，向北流入黄河，水中有很多珚玉。

又西九十里，曰阳华之山，其阳多金玉，其阴多青、雄黄，其草多藷萸，多苦辛，其状如橚[1]，其实如瓜，其味酸甘，食之已疟。杨水出焉，而西南流注于洛，其中多人鱼。门水出焉，而东北流注于河，其中多玄彇。绪姑之水出于其阴，而东流注于门水，其上多铜。门水出于河，七百九十里入雒水。

[注释]

1 橚：同“楸”。楸树是落叶乔木，树高大，树干端直。夏季开花，子实可作药用，主治热毒及各种疮疥。

[译文]

再向西九十里，是阳华山，山南面蕴藏着丰富的金属矿石和玉石，山北面盛产石青、雄黄，山中的草以山药最多，还有茂密的苦辛草，长得像楸木，结的果实像瓜，味道是酸中带甜，人服食它能治愈疟疾。杨水从这座山发源，向西南流入洛水，水中有很多人鱼。门水也从这座山发源，向东北流入黄河，水中有很多黑色粗磨石。缙姑水从阳华山北麓流出，向东流入门水，缙姑水两岸山间有丰富的铜。从门水到黄河，流经七百九十里后注入雒水。

凡缟羝山之首，自平逢之山至于阳华之山，凡十四山，七百九十里。岳在其中[1]，以六月祭之，如诸岳之祠法，则天下安宁。

[注释]

1 岳：高大的山。

[译文]

总计缟羝山山系的首尾，自平逢山起至阳华山止，一共十四座山，行经七百九十里。有高大的山岳在这一山系中，在每年六月祭祀它，像祭祀其他山岳的方法一样，那么天下就会安宁。

中次七经苦山之首，曰休与之山，其上有石焉，名曰帝台之棋，五色而文，其状如鹑卵，帝台之石，所以祷百神者也，服之不蛊。有草焉，其状如蓍[1]，赤叶而本丛生，名曰夙条，可以为簳[2]。

[注释]

1 蓍shī：蓍草，俗名锯齿草，多年生草本植物，一本多茎。古人取蓍草的茎作占筮之用。

2 簳gǎn：细小的竹子，可以用来做箭杆。

[译文]

中央第七列山系是苦山山系，它的第一座山叫休与山，这山上有一种石子，是神仙帝台的棋子，它们有各种颜色，还有斑纹，形状和鹌鹑蛋差不多。神仙帝台的石子，是用来向百神祈祷的，人佩戴这种石子就不会受邪毒之气侵染。这山上有种草，形状像蓍草，有红色的叶子，根茎生在一起，名字叫夙条，可以用来做箭杆。

东三百里，曰鼓钟之山，帝台之所以觞百神也[1]。有草焉，方茎而黄华，员叶而三成[2]，其名曰焉酸，可以为毒[3]。其上多砺，其下多砥。

[注释]

1 觞：原指盛满酒的酒杯，这里指宴饮、宴会。

2 成：层，重。

3 为毒：解毒。

[译文]

往东三百里，有座鼓钟山，是神仙帝台在此奏钟鼓之乐宴请诸位天神的地方。山里有种草，茎干是方形的，上面开着黄色的花朵，有三层重叠的圆形叶子，名叫焉酸，可以用来解毒。山上出产大量粗磨石，山下出产大量细磨刀石。

又东二百里，曰姑媱之山[1]，帝女死焉，其名曰女尸，化为䔄草[2]，其叶胥成[3]，其华黄，其实如菟丘[4]，服之媚于人[5]。

[注释]

1 姑媱yáo：山名。

2 䔄yáo草：草名，类似灵芝。䔄，亦作“瑶”。

3 胥：聚集。

4 菟丘：即菟丝子，一种缠绕寄生的草本植物。

5 媚于人：为人所宠爱。

[译文]

再往东二百里，有座姑媱山，天帝的女儿死在这座山上，她的名字叫女尸，她死后变成了䔄草，这草的叶子是一层层密集地长在一起的，花朵是黄色的，果实与菟丝子的果实相似，女子服用它能被人所宠爱。

又东二十里，曰苦山，有兽焉，名曰山膏，其状如豚，赤若丹火，善詈[1]。其上有木焉，名曰黄棘，黄华而员叶，其实如兰，服之不字[2]。有草焉，员叶而无茎，赤华而不实，名曰无条，服之不瘿[3]。

[注释]

1 詈lì：辱骂。

2 字：怀孕，生育。

3 瘿yǐng：囊状肿瘤。

[译文]

再往东二十里，有座苦山，山里有种野兽，名字叫山膏，它的形状像幼猪，身上红得像一团火，这种野兽喜欢骂人。山里有种树，名字叫黄棘，开黄色的花，叶子是圆的，果实和兰草的果实差不多，吃了它会不生育孩子。山中还有种草，圆圆的叶子，没有茎干，开红色的花朵，不结果实，它的名字叫无条，吃了它脖子上不长肉瘤。

又东二十七里，曰堵山，神天愚居之，是多怪风雨。其上有木焉，名曰天楄[1]，方茎而葵状，服者不噎[2]。

[注释]

1 天楄biān：木名。

2 噎yè：通“噎”，食物吞咽困难的食道疾病。

[译文]

再往东二十七里，有座堵山，神人天愚住在这山里，这座山上时常刮怪风、下怪雨。山上生长着一种树木，名字叫天楄，这树有方形的茎干，就像葵菜的样子，吃了它能让人吃饭不噎着。

又东五十二里，曰放皋之山，明水出焉，南流注于伊水，其中多苍玉。有木焉，其叶如槐，黄华而不实，其名曰蒙木，服之不惑。有兽焉，其状如蜂，枝尾而反舌，善呼，其名曰文文。

[译文]

再往东五十二里，有座放皋山，明水就从这山发源，向南注入伊水，附近的水里有大量青玉。山中有种树，叶子与槐树叶相似，开黄色的花，不结果实，名字叫蒙木，吃了它能让人头脑清醒。山里生活着一种野兽，形状像蜜蜂，长着树枝一样分叉的尾巴和反着生长的舌头，喜欢鸣叫，它的名字叫文文。

又东五十七里，曰大𦿞之山，多㻬琈之玉，多麋玉[1]。有草焉，其叶状如榆，方茎而苍伤[2]，其名曰牛伤[3]，其根苍文，服者不厥[4]，可以御兵。其阳狂水出焉，西南流注于伊水。其中多三足龟，食者无大疾，可以已肿。

[注释]

1 麋玉：一种像玉的石头。

2 苍伤：伤是刺，苍伤就是青色的刺。

3 牛伤：牛棘。

4 厥：中医称昏厥，即手脚冰冷，突然昏倒。

[译文]

再往东五十七里，有座大𦿞山，盛产㻬琈玉，还有很多麋玉。山里有一种草，叶子和榆树的叶子相似，有方形的茎，茎上长满了青色的刺，这种草的名字叫牛伤。这草的根茎上有些青色的斑纹，吃了它能让人不得昏厥病，还能躲避兵器的伤害。狂水从这山的南边流出来，向西南注入伊水。附近的水里有很多三只脚的龟，吃了它的肉，人就不生大病，还能消除痈肿。

又东七十里，曰半石之山。其上有草焉，生而秀[1]，其高丈余，赤叶赤华，华而不实。其名曰嘉荣，服之者不畏霆[2]。来需之水出于其阳，而西流注于伊水，其中多鲶鱼[3]，黑文，其状如鲋，食者不睡。合水出于其阴，而北流注于洛，多鰧鱼，状如鳜[4]，居逵[5]，苍文赤尾，食者不痈[6]，可以为瘘[7]。

[注释]

1 秀：谷物或植物吐穗开花。

2 霆：疾雷、霹雳。

3 鲶鱼：也叫瞻星鱼。

4 鳜：鳜鱼，也叫花鱼、桂鱼，背隆起，口大，下颌突出，背鳍一个，鳞细小、圆形，性凶猛，捕食水中鱼虾。

5 逵：原意为四通八达的道路，这里指相互贯通着的水底洞穴。

6 痈：恶性脓疮。

7 瘘：颈肿大的病，即颈部淋巴结核。

[译文]

由大苦山再往东七十里有座山，名叫半石山。半石山上有一种草，刚生出叶芽便会开花。这种草高可达一丈多，叶和花都是红色的，不结果实，名叫嘉荣。用这种草入药，可使人不怕霹雳雷鸣。来需之水发源于半石山的南麓，流出山涧后向西流入伊水。来需水中有很多鲶鱼。这种鱼周身都长有黑色花纹，形似鲫鱼。吃了这种鱼，可医治嗜睡症。半石山的北麓是合水的发源地。合水流出山涧后向北流入洛水。合水中有很多鰧鱼。这种鱼形似桂鱼，一般栖息在水中前后都通的洞穴中。这种鱼周身都是黑色的花纹，尾巴是红色的。吃了这种鱼可使人不生痈疽，还可以用来医治瘘疮。

又东五十里，曰少室之山，百草木成囷[1]。其上有木焉，其名曰帝休，叶状如杨，其枝五衢[2]，黄华黑实，服者不怒。其上多玉，其下多铁。休水出焉，而北流注于洛，其中多鯑鱼，状如盩蜼而长距[3]，足白而对，食者无蛊疾[4]，可以御兵。

[注释]

1 囷：一种圆形谷仓。

2 五衢：谓枝杈五出。

3 鳌蛙：一种长相与猕猴相似的野兽。距：指雄鸡爪后突起像脚趾的部分。

4 蛊疾：神经错乱之病。

[译文]

由半石山再往东五十里有座山，名叫少室山。山上的草木种类繁多且茂盛芜杂，远看似一巨大的圆形谷仓。这座山上有一种树木，名叫帝休。这种树的叶似杨树叶，树枝交错而出，伸向五方。这种树开的花是黄色的，结的果实是黑色的，用这种花、果入药可使人平心静气不发怒。这座山的山巅有很多玉石，山坡下则蕴藏着丰富的铁矿石。休水发源于这座山，流出山涧后向北流入洛河。休水中有很多鯑鱼。形似猕猴，脚距较长，脚是白色的，脚趾相向。吃了这种鱼，可使人不受蛊惑。还可以用这种鱼来做兵器。

又东三十里，曰泰室之山。其上有木焉，叶状如梨而赤理[1]，其名曰栯木，服者不妒。有草焉，其状如茶，白华黑实，泽如蘡薁[2]，其名曰䔄草，服之不昧。上多美石。

［注释］

1 梨：梨树，落叶乔木，叶子卵形。花多白色，果子多汁，可食。

2 蘡薁：植物名。落叶藤本，枝条细长有棱角，叶掌状，果实黑紫色。可酿酒，亦可入药。俗称野葡萄、山葡萄、山爨。

［译文］

由少室山再往东三十里有座山，名叫泰室山。泰室山上有一种树木，叶似梨树叶，叶脉是红色的。这种树名叫栯树。用它入药，人吃了可不再嫉妒他人。泰室山上有一种草，这种草的形状似山蓟，开出的花是白色的，结的果实是黑色的，果实表面很亮，有点像山葡萄。这种草名叫䓘草。人若吃了这种草，可不再受梦魇所扰。泰室山上有很多精美的石头。

又北三十里，曰讲山，其上多玉，多柘，多柏。有木焉，名曰帝屋，叶状如椒[1]，反伤赤实[2]，可以御凶[3]。

［注释］

1 椒：花椒，落叶灌木或小乔木，有刺。果实暗红色，种子黑色，调味或供药用。

2 反伤：倒刺。

3 御凶：抗拒凶邪之气。

[译文]

由泰室山再往北三十里有座山，名叫讲山。讲山上有很多玉石，生长着茂密的柘树和柏树。这座山上还有一种树，名叫帝屋。这种树的叶子形似花椒叶，长着倒刺，结的果实是红色的。可用这种树来抵御凶邪之气。

又北三十里，曰婴梁之山，上多苍玉，錞于玄石[1]。

[注释]

1 錞：依附。

[译文]

再向北三十里的地方，有座山名叫婴梁山。山上蕴藏着很多苍玉，这些玉都依附在黑色的石头上。

又东三十里，曰浮戏之山。有木焉，叶状如樗而赤实，名曰亢木，食之不蛊。汜水出焉，而北流注于河。其东有谷，因名曰蛇谷，上多少辛[1]。

［注释］

1 少辛：即细辛，一种药草。

［译文］

再向东三十里，有座浮戏山。山中生长着一种树木，叶子长得像椿叶，结红色的果实，名字叫亢木。人们吃了这种树的果实，可以驱虫除邪。汜水发源于这座山，向北注入黄河。山的东边有一道幽谷，谷里有很多蛇，因而叫蛇谷，峡谷上面生长着很多叫细辛的药材。

又东四十里，曰少陉之山。有草焉，名曰岗草[1]，叶状如葵，而赤茎白华，实如蘡薁，食之不愚。器难之水出焉，而北流注于役水。

又东南十里，曰太山。有草焉，名曰梨，其叶状如荻而赤华[2]，可以已疽。太水出于其阳，而东南流注于役水。承水发于其阴，而东北流注于役。

［注释］

1 岗gāng草：古草名。

2 荻：郝懿行按："荻当为萩。"萩qiū，一种蒿类植物。萩高叶子白色，像艾蒿而分叉多，茎秆高的可达一丈余。

[译文]

从浮戏山再往东四十里，有座山名叫少陉山。山上生长有一种草，名叫岗草。这种草的叶子形状像山葵，而茎是红色的，开白色的花，结的果实犹如蘡薁的果实，人吃了这种果子就不会愚昧。器难水从这座山的山涧中流出，向北流入役水。

从少陉山再往东南十里，有座山名叫太山。太山上有一种草，名叫梨草。这种草的叶子形状像荻草，而花是红色的。这种草入药可用来医治疽疮。太水从这座山南麓的山涧中流出，向东南流入役水。承水从这座山北麓的山涧中流出，向东北流入役水。

又东二十里，曰末山，上多赤金。末水出焉，北流注于役。

又东二十五里，曰役山。上多白金，多铁。役水出焉，北流注于河。

又东三十五里，曰敏山。上有木焉，其状如荆，白华而赤实，名曰蓟柏[1]，服者不寒。其阳多瑀琈之玉。

[注释]

1 蓟jiè（又音jì）柏：树木名。属柏树的一种。

[译文]

从太山再往东二十里，有座山名叫末山。末山上蕴藏着丰富的赤金矿石。末水从这座山的山涧流出，向北流入役水。

从末山再往东二十五里，有座山名叫役山。役山上蕴藏着丰富的白金矿石，还有很多铁矿石。役水从这座山的山涧中流出，向北流入黄河。

从役山再往东三十五里，有座山名叫敏山。敏山上生长着一种树木，它形状像荆，开白色的花，结红色的果实。这种树名叫蓟柏，用它入药，人服用后不怕寒冷。敏山的南坡上有很多㻬琈玉。

又东三十里，曰大騩之山。其阴多铁、美玉、青垩。有草焉，其状如蓍而毛，青华而白实，其名曰𦸗[1]，服之不夭，可以为腹病。

凡苦山之首，自休与之山至大騩之山，凡十有九山，千一百八十四里[2]。其十六神者，皆豕身而人面。其祠：毛牷用一羊羞[3]，婴用一藻玉瘗[4]、苦山、少室、泰室，皆冢也。其祠之：太牢之具，婴以吉玉。其神状皆人面而三首，其余属皆豕身而人面也。

[注释]

1 蓣：草名。郝懿行按："《玉篇》云：'蓣，胡恳切。草名，似蓍，花青白。'《广韵》同。是'蓣'当为'蓣'。"据古书载，蓣hěn是一种有药用价植的草。

2 千一百八十四里：郝懿行按："今才一千有五十六里。"

3 牷quán：毛色纯一的整只家畜。羞xiū：进献食品。此处指贡献祭祀品。

4 藻玉：带有五彩花纹的玉。

[译文]

从敏山再往东三十里，有座山名叫大騩山。这座山的北麓有很多铁矿石、美丽的玉石和青色土。山上有一种草，形状像蓍草而叶上有绒毛，开青色的花，结白色的果实。这种草名叫蓣荻草，用这种草入药，服食可使人不早夭，还可以用这种草医治肠胃病。

综观中部山系第七列山脉苦山山脉之首尾，从休与山起，至大騩山止，总计十九座山，绵延一千一百八十里。其中有十六座山的山神都长着猪一样的身形，却有人一样的面孔。祭祀这十六个山神时，毛物用一只纯色的整羊作为祭品，玉器用一块藻玉埋在地下。苦山、少室山、泰室山，都是众山之宗。祭祀这三座山神灵的礼仪：毛物用全猪、全牛、全羊，并系上吉玉作装饰，而且这三座山的山神都长着人的面孔，却有三个脑袋，其余的山神都是猪身人面。

中次八经荆山之首，曰景山，其上多金玉，其木多杼檀[1]。睢水出焉，东南流注于江。其中多丹粟，多文鱼。

[注释]

1 杼shù：即柞树。

[译文]

中部第八列山系荆山山系的的首座山是景山，山上蕴藏着丰富的金属矿石和玉石，山上生长的树木以柞树和檀木居多。睢水发源于这座山，向东南流入江水。水中有很多像粟粒一样的红色细沙，还游动着五彩斑斓的鱼类。

东北百里，曰荆山，其阴多铁，其阳多赤金，其中多犛牛[1]，多豹虎，其木多松柏，其草多竹，多橘櫾[2]。漳水出焉，而东南流注于睢，其中多黄金，多鲛鱼[3]，其兽多闾麋。

[注释]

1 犛máo：牦牛的一种，黑色。

2 櫾yòu：即柚子，与橘子相似，但个大，味酸。

3 鲛jiāo鱼：即鲨鱼。

[译文]

向东北一百里是荆山。山的北坡蕴藏着丰富的铁矿石，山的南坡蕴藏着丰富的赤金，山中生活着很多犛牛、豹子和老虎。山中的树木以松柏为多，草以竹子为主，还有很多橘子树和柚子树。漳水发源于这座山，向东南流入睢水，水中盛产黄金，还有很多鲨鱼。山中的野兽多为山驴和麋鹿。

又东北百五十里，曰骄山，其上多玉，其下多青雘，其木多松柏，多桃枝钩端。神蟲围处之，其状如人面，羊角虎爪，恒游于睢漳之渊，出入有光。

[译文]

再向东北一百五十里，是骄山，山上蕴藏着丰富的玉石，山下有丰富的青雘，这里的树木以松树和柏树居多，到处是桃枝和钩端一类的丛生小竹子。神仙蟲围居住在这座山中，形貌像人却长着羊一样的角，虎一样的爪子，常常在睢水和漳水的深渊里畅游，出入时都有闪光。

又东北百二十里，曰女几之山，其上多玉，其下多黄金，其兽多豹虎，多闾麋麖麂[1]，其鸟多白鷮[2]，多翟，多鸩[3]。

[注释]

1 麂：一种小鹿。

2 白鷮：也叫“鷮雉”，一种像野鸡而尾巴较长的鸟，常常是一边飞行一边鸣叫。

3 鸩：鸩鸟，传说中的一种身体有毒的鸟，大小如雕鹰，羽毛紫绿色，长脖子红嘴巴，吃有毒蝮蛇的头。

[译文]

再向东北一百二十里，是女几山，山上盛产玉石，山下盛产黄金，山中的野兽以豹子和老虎最多，还生活着许多山驴、麋鹿、麖、麂，这里的禽鸟以白鷮最多，还有很多的长尾巴野鸡和鸩鸟。

又东北二百里，曰宜诸之山，其上多金玉，其下多青雘。洈水出焉，而南流注于漳，其中多白玉。

[译文]

再向东北二百里，是宜诸山，山上蕴藏着丰富的金属矿石和玉石，山下盛产青雘。淹水从这座山发源，向南流入漳水，水中有很多白色玉石。

又东北三百五十里，曰纶山，其木多梓楠，多桃枝，多柤栗橘櫾[1]，其兽多闾、麈、麢、㚟。

[注释]

1 柤：柤树长得像梨树，而树干、树枝都是红色的，开黄色花朵，结黑色果子。

[译文]

再向东北三百五十里，是纶山，山中生长的树木多为梓树和楠树，还有很多丛生的桃枝竹，以及柤树、栗子树、橘子树和柚子树，这里的野兽以山驴、麈、羚羊、㚟最多。

又东二百里，曰陆鄃之山，其上多㻬琈之玉，其下多垩，其木多杻橿。

[译文]

再向东二百里，是陆鄃山，山上盛产㻬琈玉，山下盛产各种颜色的垩土，这里的树木以杻树和橿树居多。

又东百三十里，曰光山，其上多碧，其下多木。神计蒙处之，其状人身而龙首，恒游于漳渊，出入必有飘风暴雨。

[译文]

再往东一百三十里，有座光山，山上盛产碧玉，山下树木茂密。神仙计蒙居住在这座山里，他长着人的身子龙的脑袋，时常在漳水的深渊里游玩，出入时必伴有疾风骤雨。

又东百五十里，曰岐山，其阳多赤金，其阴多白珉[1]，其上多金玉，其下多青雘，其木多樗。神涉䴅处之[2]，其状人身而方面、三足。

[注释]

1 珉mín：一种次于玉的美石。

2 涉䴅tuó：神祇名。

[译文]

再往东一百五十里，有座岐山，山的南边盛产黄金，山的北边盛产白色珉石，山上蕴藏着丰富的金属矿石和玉石，山下有很多青雘，山上树木以臭椿树居多。神仙涉䴅居住在这座山中，他长着人的身体，有方形的面孔和三只脚。

又东百三十里，曰铜山，其上多金、银、铁，其木多榖、柞、柤、栗、橘、櫾，其兽多犳[1]。

[注释]

1 犳zhuó：传说中的兽名，像豹，但没有花纹。

[译文]

再往东一百三十里，有座铜山，山上蕴藏着丰富的金、银、铁矿石，山上的树木以构树、柞树、柤树、栗子树、橘子树和柚子树居多，野兽则以犳居多。

又东北一百里，曰美山，其兽多兕牛，多闾麈，多豕鹿，其上多金，其下多青雘。

[注释]

再往东北一百里，有座美山，山里的野兽以兕、野牛为多，还生活着很多山驴、麈、野猪和鹿，山上盛产黄金，山下出产大量的青雘。

又东北百里，曰大尧之山，其木多松柏，多梓桑，多机[1]，其草多竹，其兽多豹虎麢㚟[2]。

[注释]

1 机：即桤树。

2 麢líng：兽名。㚟chuò：一种有青色皮毛，与兔子相似长着鹿脚的野兽。

[译文]

再往东北一百里，有座大尧山，山里的树木以松树和柏树居多，还有很多梓树、桑树和机树，草以低矮丛生的小竹子居多，野兽则以豹、虎、麢、㚟居多。

又东北三百里，曰灵山，其上多金玉，其下多青雘，其木多桃、李、梅、杏。

[译文]

再往东北三百里，有座灵山，山上蕴藏着丰富的金属矿石和玉石，山下有很多青雘，山中生长的树木多是桃树、李树、梅树、杏树。

又东北七十里，曰龙山，上多寓木[1]，其上多碧，其下多赤锡，其草多桃枝、钩端。

[注释]

1 寓木：又叫宛童，一种寄生在其他树木上的植物。

[译文]

再往东北七十里，有座龙山，山上生长着很多寄生的寓木，并且盛产碧玉，山下有大量红色的锡，草大多是桃枝、钩端之类的低矮竹丛。

又东南五十里，曰衡山，上多寓木榖柞，多黄垩、白垩。

[译文]

再向东南五十里，有座衡山。山上生长着很多寄生的寓木、构树和柞树，并且盛产黄色和白色的垩土。

又东南七十里，曰石山，其上多金，其下多青雘，多寓木。

[译文]

再向东南七十里，有座石山。山上蕴藏着丰富的黄金，山下盛产青雘，还生长着茂盛的寄生寓木。

又南百二十里，曰若山，其上多㻬琈之玉，多赭，多邽石[1]，多寓木，多柘。

[注释]

1 邽石：据古人说这是一种可作药用的矿物，味甜，没有毒性。

[译文]

再向南一百二十里，有座若山。山中遍布㻬琈玉、赭石和可以入药的邽石；寄生的寓木和柘木枝繁叶茂，郁郁葱葱。

又东南一百二十里，曰彘山，多美石，多柘。

[译文]

再向东南一百二十里，有座彘山。山中遍布绚丽多彩的精美石头，柘木葱茏，生机勃勃。

又东南一百五十里，曰玉山，其上多金玉，其下多碧、铁，其木多柏。

[译文]

再向东南一百五十里，有座玉山。山上金玉满坡，山下遍布着碧玉和铁矿石，生长的树木多为柏树。

又东南七十里，曰讙山，其木多檀，多邽石，多白锡。郁水出于其上，潜于其下，其中多砥砺。

[译文]

由玉山再往东南七十里，有座山，名叫讙山。山上生长的树木主要是檀树。山中盛产邽石和白锡。郁水发源于这座山的山上，流到山脚便潜入地下。郁水中有很多磨石。

又东北百五十里，曰仁举之山，其木多榖柞，其阳多赤金，其阴多赭。

[译文]

由讙山再往东北一百五十里，有座仁举山。山上生长的树木多是构树和柞树。山的南坡蕴藏着丰富的赤金矿石，北坡有很多赭矿石。

又东五十里，曰师每之山，其阳多砥砺，其阴多青雘，其木多柏，多檀，多柘，其草多竹。

［译文］

由仁举山再往东五十里，有座师每山。山的南坡有很多磨石，山的北坡有很多青雘。山中生长的树木主要是柏树、檀树和柘树，草主要是丛生的小竹子。

又东南二百里，曰琴鼓之山，其木多榖、柞、椒、柘[1]，其上多白珉，其下多洗石，其兽多豕鹿，多白犀[2]，其鸟多鸩。

凡荆山之首，自景山至琴鼓之山，凡二十三山，二千八百九十里。其神状皆鸟身而人面。其祠：用一雄鸡祈瘗，用一藻圭，糈用稌。骄山，冢也，其祠：用羞酒少牢祈瘗，婴毛一璧。

［注释］

1 椒：落叶灌木或小乔木。具香气。单数羽状复叶，果实可作调味料，亦可提芳香油入药。种子可榨油，叶制农药。

2 白犀：白犀牛，体色由黄棕色到灰色，耳朵边缘与尾巴有刚毛，其余部分则无毛，上唇为方形。

［译文］

由师每山再往东南二百里，就到了琴鼓山。山上生长的树木主要是构树、柞树、椒树、柘树。山巅有很多白色珉石，山坡下有很多洗石。山中出没的野兽主要是野猪、鹿和白犀，生活的鸟类主要是鸩鸟。

综观中部第八列山系，即荆山山脉，西自景山，东至琴鼓山，共计二十三座山，绵延两千八百九十里。这二十三座山的山神身形都似鸟，但都长着一副人的面孔。祭祀这些山神时，将一只公鸡作为祭品，祭后便埋入地下；玉器用一块藻圭；精米用稻米。骄山是祭大礼的地方，祭祀时用美酒和猪、牛作祭品，并将一块璧玉系在猪、牛颈项上，祭后埋在地下。

中次九经岷山之首，曰女几之山，其上多石涅[1]，其木多杻橿，其草多菊茶。洛水出焉，东注于江，其中多雄黄，其兽多虎豹。

[注释]

1 石涅：即涅石，黑矾石，可为染料。

[译文]

中部第九列山系，即岷山山脉，最西端的那座山名叫女几山。山上有很多可用作黑色染料的石涅石。这座山上生长的树木主要是杻树和橿树，草类主要有山菊和茶。洛水就发源于这座山，流出山涧后向东流去，最终汇入长江。洛水中有很多雄黄石。女几山上最多的兽类主要是虎、豹。

又东北三百里，曰岷山。江水出焉，东北流注于海，其中多良龟，多鼍[1]，其上多金玉，其下多白珉，其木多梅棠，其兽多犀象，多夔牛[2]，其鸟多翰、鷩[3]。

［注释］

1 鼍：即扬子鳄，爬行动物，吻短，体长二米多，背部、尾部均有鳞甲。穴居于江河岸边，皮可以蒙鼓。亦称“鼍龙”“猪婆龙”。

2 夔牛：传说中一种高大的野牛。

3 鷩：鸟名。锦鸡，似山鸡而小，冠羽优美。

［译文］

由女几山再往东北三百里有座岷山。长江就发源于这座山。长江从这里流出后浩浩荡荡向东北流去，最终汇入大海。长江水中盛产良龟、扬子鳄。岷山的山巅盛产金属矿石和玉石，山下则有很多白色的珉石。岷山上有梅树和棠树两种，出没的野兽主要是犀牛和大象，还有很多夔牛，栖息在这座山上的鸟类主要是白翰鸟和赤鷩。

又东北一百四十里，曰崃山。江水出焉，东流注于大江。其阳多黄金，其阴多麋、麈。其木多檀、柘，其草多䪥[1]、韭，多药[2]、空夺[3]。

又东一百五十里，曰崌山[4]。江水出焉，东流注于大江，其中多怪蛇[5]，多鳌鱼[6]。其木多楢[7]、杻，多梅、梓，其兽多夔牛、麢、㚟、犀、兕。有鸟焉，状如鸮而赤身白首，其名曰窃脂，可以御火。

[注释]

1 䪥xiè：同“薤”。俗称“藠头”。百合科。多年生宿根草本，作两年生栽培。

2 药：指白芷。参见上文《西次四经》“号山”。

3 空夺：即上文所述及的寇脱。参见上文《中次五经》“升山”。

4 崌jū山：山名。位于四川省西部邛崃山的东部。

5 怪蛇：据古书称，这种怪蛇长达几丈，尾巴分叉，在山涧水中钩取岸上的人、牛等吞食。

6 鳌zhì鱼：古鱼名。

7 楢yóu：一种木质柔韧的树木。

[译文]

从岷山再往东北一百四十里，有座崃山。长江有一条支流源于这座山，水流出山涧后向东流入长江。山的南坡蕴含着丰富的黄金矿石，北坡则生活着很多麋鹿和麈。崃山上生长的树木大多是檀树和柘树，生长的草类主要是野薤、野韭菜，还有很多白芷、空夺。

从崃山再往东一百五十里，有座岷山。长江有一条支流发源于这座山，水流出山涧后向东流入长江。江水中有很多怪蛇，还有很多鲞鱼。岷山中生长的树木主要是楢树、杻树，还有很多梅树、梓树，山林中出没的兽类主要是夔牛、羚羊、臭、犀牛、兕之类。山林中有一种鸟，形状似鸮，而周身羽毛是红色的，鸟头是白色的。这种鸟名叫窃脂，可以用它来防御火灾。

又东三百里，曰高梁之山。其上多垩，其下多砥砺，其木多桃枝、钩端。有草焉，状如葵而赤华、荚实、白柎，可以走马。

又东四百里，曰蛇山。其上多黄金，其下多垩。其木多栒，多豫章，其草多嘉荣、少辛。有兽焉，其状如狐而白尾长耳，名狏狼[1]，见则国内有兵。

[注释]

1 狏shì狼：古代传说中的一种野兽。

［译文］

从岷山再往东三百里，有座高梁山。这座山上盛产可制作涂料的带色土，山下有很多磨石。山上生长的树木主要是桃枝竹和钩端竹。还生长着一种草，形状犹如葵草，开红色的花，荚中结果实，花萼是白色的。用这种草喂马，可以使马更善于奔走。

从高梁山再往东四百里，有座蛇山。这座山上蕴藏着丰富的黄金矿石，山下则有很多可用来制作涂料的带色土。这座山上生长的树木主要是栒树、豫章树，生长的草类主要是嘉荣、少辛。山中有一种兽，它形状像狐，却长着白色的尾巴，长长的耳朵，名叫㸹狼。这种野兽一旦出现，国内就将发生战争。

又东五百里，曰鬲山，其阳多金，其阴多白珉。蒲鸏之水出焉，而东流注于江，其中多白玉，其兽多犀、象、熊、罴，多猨、蜼[1]。

［注释］

1 蜼wěi：一种猿猴，长尾巴，鼻孔朝天，尾巴分叉，天一下雨就悬挂在树上，用尾巴塞住鼻孔。

[译文]

再向东五百里有座鬲山，山的南部蕴藏着丰富的金属矿石，山的北部盛产玉石一样的白珉。蒲鸏水发源于这座山，向东流注入长江，水中有许多白玉，野兽多是犀、象、熊、罴，还有很多的猨和蜼。

又东北三百里，曰隅阳之山，其上多金玉，其下多青雘，其木多梓桑，其草多茈。徐之水出焉，东流注于江，其中多丹粟。

[译文]

再向东北三百里，有座隅阳山，山上蕴藏丰富的金属矿石和玉石，山下有丰富的青雘，这里的树木大多是梓树和桑树，而草大多是紫草。徐水从这座山中发源，向东流入长江，水中有许多粟粒大小的丹砂。

又东二百五十里，曰岐山，其上多白金，其下多铁。其木多梅梓，多杻楢。減水出焉，东南流注于江。

[译文]

再向东二百五十里，有座岐山，山上蕴藏着丰富的白银矿石，山下铁矿石蕴藏量丰富，这里的树木以梅树和梓树居多，还有许多杻树和橿树。减水从这座山发源，向东南流入长江。

又东三百里，曰勾㭉之山，其上多玉，其下多黄金，其木多栎柘，其草多芍药。

［译文］

再向东三百里，有座勾㭉山，山上盛产玉石，山下盛产黄金，这里的树木大多是栎树和柘树，而花草大多是芍药。

又东一百五十里，曰风雨之山，其上多白金，其下多石涅，其木多椒椫[1]、多杨。宣余之水出焉，东流注于江，其中多蛇，其兽多闾、麋，多麈、豹、虎，其鸟多白鹇。

［注释］

1 椫：椫树，也叫白理木。木质坚硬，木纹洁白，可以用于制梳子、勺子等器物。

［译文］

再向东一百五十里，有座风雨山，山上盛产白银，山下盛产石涅，生长的树木以椒树和椫树居多，杨树也不少。宣余水从这座山中发源，向东流入长江，水中有很多水蛇。山里的野兽以山驴和麋鹿最多，还有不少麈、豹子、老虎等动物，而禽鸟大多是白鸫。

又东北二百里，曰玉山，其阳多铜，其阴多赤金，其木多豫章、楢、杻，其兽多豕鹿麢㚖，其鸟多鸩。

[译文]

再向东北二百里，有座玉山，山南面盛产铜，山北面盛产黄金，生长的树木以豫章树、楢树、杻树最多，而野兽以野猪、鹿、羚羊、㚖最多，禽鸟大多是鸩鸟。

又东一百五十里，曰熊山。有穴焉，熊之穴，恒出神人。夏启而冬闭。是穴也，冬启乃必有兵。其上多白玉，其下多白金。其木多樗柳，其草多寇脱。

[译文]

再向东一百五十里，有座熊山。山中有一个洞穴，是熊的巢穴，常有神人出入。洞穴一般是夏季开启而冬季关闭。这个洞穴如果冬季开启，就一定会发生战争。山上盛产白色的玉石，山下盛产白银。山里的树木以臭椿树和柳树居多，而花草以寇脱草最多见。

又东一百四十里，曰䰢山，其阳多美玉赤金，其阴多铁，其木多桃枝荆芑。

[译文]

再向东一百四十里，有座䰢山，山南面盛产美玉和黄金，山北面盛产铁，生长的草木以桃枝竹、牡荆树、芑蕉树最多。

又东二百里，曰葛山，其上多赤金，其下多瑊石[1]，其木多柤栗橘櫾楢杻，其兽多麢臭，其草多嘉荣。

[注释]

1 瑊jiān石：一种质地比玉石差一等的美石。

[译文]

再往东二百里，有座葛山，山上盛产黄金，山下边出产大量的瑊石，生长的树木以柤树、栗子树、橘子树、柚子树、楢树、杻树居多，野兽以麢和臭居多，花草类则以嘉荣居多。

又东一百七十里，曰贾超之山，其阳多黄垩，其阴多美赭，其木多柤栗橘櫾，其中多龙修[1]。

[注释]

1 龙修：即龙须草，可以用来织席和造纸。

[译文]

再往东一百七十里，有座贾超山，山的南边出产大量的黄色垩土，山的北边出产精美的赭石，生长的树木以柤树、栗子树、橘子树、柚子树居多，草类以龙须草居多。

凡岷山之首，自女几山至于贾超之山，凡十六山，三千五百里。其神状皆马身而龙首。其祠：毛用一雄鸡瘗，糈用稌。文山、勾檷、风雨、騩山[1]，是皆冢也。其祠之：羞酒，少牢具，婴用一吉玉。熊山，帝也[2]。其祠：羞酒，太牢具，婴用一璧。干儛，用兵以禳；祈，璆冕舞[3]。

[注释]

1 文山：即岷山。

2 帝：魁首，领袖。

3 璆qiú：同“球”，一种美玉。

[译文]

岷山山系，从女几山起到贾超山止，一共有十六座山，行经三千五百里。这些山的山神都长着马的身体和龙的脑袋。祭祀这些山神的礼仪如下：祭物用一只公鸡，祭祀后埋入地下，米用稻米。文山、勾檷山、风雨山、騩山是诸山的宗主，祭祀这几座山的礼仪如下：进献美酒，用猪、羊作祭品，玉器用一块质地上好的吉玉。熊山是诸山的首领，祭祀熊山的礼仪如下：祭祀用美酒，以及猪、牛、羊齐全的三牲。玉器用一块玉璧。还要手执盾牌舞蹈，这样是为了禳除灾祸；想祈求祥瑞，就要身穿礼服，手持美玉跳舞。

中次十经之首，曰首阳之山，其上多金玉，无草木。

［译文］

中央第十列山系的第一座山叫首阳山，山上盛产金属矿石和玉石，没有任何草木。

又西五十里，曰虎尾之山，其木多椒椐，多封石，其阳多赤金，其阴多铁。

［译文］

再往西五十里，有座虎尾山，生长的树木以花椒树、椐树为多，山上到处都是封石，山的南边盛产黄金，山的北边有储量丰富的铁矿石。

又西南五十里，曰繁缋之山[1]，其木多楢杻，其草多枝勾。

[注释]

1 繁缋huì：山名。缋，布帛的首尾两部分。

[译文]

再往西南五十里，有座繁缋山，山上生长的树木以楢树和杻树居多，草类则以桃枝、钩端之类的低矮竹丛居多。

又西南二十里，曰勇石之山，无草木，多白金，多水。

[译文]

再向西南二十里，有座勇石山。山顶光秃，没有任何花草树木，山中蕴藏着丰富的白银，水资源丰沛。

又西二十里，曰复州之山，其木多檀，其阳多黄金。有鸟焉，其状如鸮，而一足彘尾，其名曰跂踵，见则其国大疫。

[译文]

再向西二十里，有座复州山。山中檀树繁茂。山向阳的南坡盛产黄金。山中栖息着一种鸟，它的形状像猫头鹰，只长着一只脚，生着猪尾巴，它的名字叫跂踵。这是一种不祥之鸟，它出现在哪个国家，哪个国家便会发生大瘟疫。

又西三十里，曰楮山，多寓木，多椒、椐，多柘，多垩。

[译文]

再向西三十里，有座楮山。山中有很多寄生树、花椒树、椐树和柘树等，山中遍布着白垩土。

又西二十里，曰又原之山，其阳多青雘，其阴多铁，其鸟多鸜鹆。

[译文]

再向西二十里，有座又原山。山向阳的南坡盛产青雘；山背阴的北坡蕴藏着丰富的铁矿石。山中栖息的鸟类以八哥最多。

又西五十里，曰涿山，其木多榖柞杻，其阳多㻬琈

之玉。

[译文]

再向西五十里，有座涿山。山中林木葱茏，构树、柞树和杻树苍翠繁茂。山向阳的南坡盛产㻬琈美玉。

又西七十里，曰丙山。其木多梓、檀，多弞杻[1]。

凡首阳山之首，自首山至于丙山，凡九山，二百六十七里[2]。其神状皆龙身而人面。其祠之：毛用一雄鸡瘗，糈用五种之糈[3]。堵山[4]，冢也，其祠之：少牢具，羞酒祠，婴毛一璧，瘗。騩山，帝也，其祠：羞酒，太牢具，合巫祝二人儛，婴一璧。

[注释]

1 弞shěn杻：长杻。弞，东齐方言，意为长。据古书称，杻木大多呈弯曲状，少有挺直的，此处弞杻独为长杻，特提出备考。

2 二百六十七里：郝懿行按："今三百一十里。"

3 五种之糈：指黍、稷、稻、粱、麦五种粮米。

4 堵山：即楮山。

[译文]

再往西七十里，有座丙山。山上生长的树木主要有梓树和檀树，还有不少长长的杻树。

综观中部山系第十列山脉，从首阳山起，到丙山止，共计九座山，绵延二百六十七里。这九座山的山神，形貌都是龙的身子，人的面孔。祭祀这九个山神时，毛物用一只公鸡，祭祀后埋在地下；祭祀用的精米都用黍、稷、稻、粱、麦五谷精米。堵山是众山之宗，祭祀这座山神，须用猪、羊二牲，还要进献美酒祭祀。选用一块玉璧，祭祀后与毛物一起埋在地下。騩山山神，是众山神之首，祭祀这尊山神，须先进献美酒，再用猪、牛、羊三牲俱备的太牢礼祭祀，还需巫师、祝师二人共舞，另外要用一块玉璧，祭祀后将它系在毛物的颈项上作装饰。

中次一十一山经荆山之首，曰翼望之山。湍水出焉，东流注于济；贶水出焉，东南流注于汉，其中多蛟[1]。其上多松柏，其下多漆梓，其阳多赤金，其阴多珉[2]。

[注释]

1 蛟：古代传说中能发水的一种龙。

2 珉：珉石，似玉的美石。

[译文]

中部第十一列山系，即荆山山脉的第一座山，名叫翼望山。有两条河流由此山发源，一条是湍水，向东流入济水；还有一条是贶水，向东南流入汉水。贶水中有很多蛟龙。翼望山上有很多松树、柏树，山下有很多漆树、梓树。山的南坡蕴藏着丰富的赤金矿石，山的北坡有很多珉石。

又东北一百五十里，曰朝歌之山，潕水出焉，东南流注于荥，其中多人鱼。其上多梓楠，其兽多麢麋。有草焉，名曰莽草[1]，可以毒鱼。

[注释]

1 莽草：植物名，一种有毒植物，又称水莽草。

[译文]

由翼望山往东北一百五十里有座山，名叫朝歌山。潕水就发源于这座山，流出山涧后向东南流入荥泽。水中有很多人鱼。这座山上生长的树木多是梓树、楠树。山上有很多羚羊、麋鹿。还有一种草，名叫莽草，可以毒死鱼。

又东南二百里，曰帝囷之山，其阳多㻬琈之玉，其阴多铁。帝囷之水出于其上，潜于其下，多鸣蛇。

［译文］

由朝歌山往东南二百里有座山，名叫帝囷山。山的南坡有很多㻬琈玉，山的北坡蕴藏着丰富的铁矿石。帝囷水就发源于这座山的山顶，流至山脚便潜入地下，帝囷水中有很多鸣蛇。

又东南五十里，曰视山，其上多韭。有井焉，名曰天井，夏有水，冬竭。其上多桑，多美垩、金、玉。

［译文］

由帝囷山往东南五十里有座山，名叫视山。山上有一口井，名叫天井。井中夏季有水，到了冬季就枯竭了。这座山上生长着很多山韭，还有很多桑树。山上出产大量、优质的垩土，还蕴藏着丰富的金属矿石和玉石。

又东南二百里，曰前山，其木多槠[1]，多柏，其阳多金，其阴多赭。

［注释］

1 槠：槠树，结的果实如同橡树的果实，可以吃，木质耐腐蚀，常用来做房屋的柱子。

［译文］

再向东南二百里，有座前山，山上的树木以槠树居多，还有不少柏树，山南面盛产金属矿石，山北面盛产赭石。

又东南三百里，曰丰山。有兽焉，其状如猿，赤目、赤喙、黄身，名曰雍和，见则国有大恐。神耕父处之，常游清泠之渊，出入有光，见则其国为败。有九钟焉，是知霜鸣。其上多金，其下多榖柞杻橿。

［译文］

再向东南三百里，有座丰山。山中有一种野兽，外形像猿猴，却长着红眼睛、红嘴巴、黄色的身子，名叫雍和，它在哪个国家出现，哪个国家就会发生大恐慌。神仙耕父住在这座山里，常常在清泠渊畅游，出入时都有闪光，他在哪个国家出现，哪个国家就要衰败。这座山还有九口钟，它们都应和霜的降落而鸣响。山上蕴藏着丰富的金属矿石，山下生长着茂密的构树、柞树、杻树、橿树。

又东北八百里，曰兔床之山，其阳多铁，其木多槠芧，其草多鸡谷，其本如鸡卵，其味酸甘，食者利于人。

[译文]

再向东北八百里，有座兔床山，山南面蕴藏着丰富的铁矿石，生长的树木以槠树和小栗树最多，生长的花草以鸡谷草最多，它的根茎像鸡蛋似的，味道酸中带甜，服食它对人的身体有益。

又东六十里，曰皮山，多垩，多赭，其木多松柏。

[译文]

再向东六十里，有座皮山，此山盛产垩土和赭石，这里的树木大多是松树和柏树。

又东六十里，曰瑶碧之山，其木多梓楠，其阴多青雘，其阳多白金。有鸟焉，其状如雉，恒食蜚[1]，名曰鸩。

[注释]

1 蜚：一种有害的小飞虫，形状椭圆，散发恶臭。

[译文]

再向东六十里，有座瑶碧山，这里的树木以梓树和楠树最多，山北面盛产青雘，山南面盛产白银。山中有一种禽鸟，长得像一般的野鸡，常吃蜚虫，名叫鸩。

又东四十里，曰支离之山。济水出焉，南流注于汉。有鸟焉，其名曰婴勺，其状如鹊，赤目、赤喙、白身，其尾若勺，其鸣自呼。多㸲牛，多羬羊。

[译文]

再向东四十里，有座支离山。济水从这座山发源，向南流入汉水。山中有一种禽鸟，名叫婴勺，它外形像普通的喜鹊，却长着红眼睛、红嘴巴、白色的身子，尾巴与汤勺的形状相似，发出的叫声像是呼喊自己的名字。这座山中还有很多㸲牛、羬羊。

又东北五十里，曰祑篙之山[1]，其上多松、柏、机、柏[2]。

又西北一百里，曰堇理之山。其上多松、柏，多美梓，其阴多丹雘，多金，其兽多豹、虎。有鸟焉，其状如鹊，青身白喙。白目白尾，名曰青耕，可以御疫，其鸣自训。

[注释]

1 祑zhì篙diāo：古山名。

2 机柏：郝懿行说：“‘机柏’，《广韵》引此经作‘机桓’。《玉篇》云：‘桓木叶似柳，皮黄白色。’与郭义合。是此经及注并当作‘桓’。今本作‘柏’，字形之讹也。”今译文从郝说。

[译文]

从支离山再往东北五十里，有座袟篙山。这座山的山顶有很多松树、柏树和机柏树。

从袟篙山再往西北一百里，有座堇理山。这座山上有很多松树、柏树，还有许多美丽的梓树。山的北坡盛产丹雘，还蕴藏着丰富的金矿石。山中的野兽主要是豹、虎。林中有一种鸟，形状像喜鹊，周身都是青色的，嘴、眼睛和尾巴是白色的，它名叫青耕。这种鸟可以用来御防瘟疫的流行。它的鸣叫声就像是在呼喊自己的名字。

又东南三十里，曰依轱之山[1]，其上多杻橿，多苴[2]。有兽焉，其状如犬，虎爪有甲，其名曰獜[3]，善驶牟[4]，食者不风。

[注释]

1 依轱kū：山名。

2 苴jū：通“柤”，树名。

3 獜lín：传说中的怪兽。

4 駚yāng犎fèn：奔腾跳跃。

[译文]

再往东南三十里，有座依轱山，这座山上有大量的杻树、橿树和柤树。山里有种野兽，形状像狗，但长着老虎一样的爪子，身上披着鳞甲，这种野兽的名字叫獜，擅长跳跃腾挪，吃了它的肉，人就不会得风痹病。

又东南三十五里，曰即谷之山，多美玉，多玄豹，多闾麈，多麢臭。其阳多珉，其阴多青雘。

[注释]

再往东南三十五里，有座即谷山，此山盛产优质玉石，山中有很多黑豹，此外山驴和麈、麢和臭的数量也很可观。山的南边盛产珉石，山的北面盛产青雘。

又东南四十里，曰鸡山，其上多美梓，多桑，其草多韭。

[译文]

再往东南四十里，有座鸡山，山上生长着大量优良的梓树，还有很多桑树，草类以野韭菜居多。

又东南五十里，曰高前之山，其上有水焉，甚寒而清，帝台之浆也，饮之者不心痛。其上有金，其下有赭。

［译文］

再往东南五十里，有座高前山，山上有条溪水，水冰凉而又清澈，是神仙帝台用过的水，喝了它，人就不会患心痛病。这座山上盛产黄金，山下有大量的赭石。

又东南三十里，曰游戏之山，多杻、橿、穀，多玉，多封石。

［译文］

再往东南三十里，有座游戏山，山上生长着大量杻树、橿树、构树，还盛产玉石与封石。

又东南三十五里，曰从山，其上多松柏，其下多竹。从水出于其上，潜于其下，其中多三足鳖，枝尾，食之无蛊疾。

[译文]

再往东南三十五里，有座从山，山上遍布着松树和柏树，山下有茂密的低矮竹丛。从水就从这山顶上发源，之后潜流到山底下，水里有很多三足鳖，这种鳖长着分叉的尾巴，吃了它的肉，人就可以不得疑心病。

又东南三十里，曰婴硜之山，其上多松柏，其下多梓、櫄[1]。

[注释]

1 櫄：又叫杶树，形状像臭椿树，树干可用于制作车辕。

[译文]

再向东南三十里，有座婴硜山。山上的树木以松树和柏树为主；山下多是梓树和椿树。

又东南三十里，曰毕山。帝苑之水出焉，东北流注于瀙，其中多水玉，多蛟。其上多㻬琈之玉。

[译文]

再向东南三十里，有座毕山。帝苑水从此山发源，向东北流入溯水。水中遍布着水晶，有很多蛟生活在水中。山上盛产琘琈美玉。

又东南二十里，曰乐马之山。有兽焉，其状如彙，赤如丹火，其名曰狼，见则其国大疫。

［译文］

再向东南二十里的地方，屹立着一座雄伟的高山，名叫乐马山。山中生活着一种野兽，它的形貌同刺猬很相像，身披红色皮毛，名叫狼。只要它一出现在哪个国家，哪个国家就会流行大瘟疫。

又东南二十五里，曰葴山，溯水出焉，东南流注于汝水，其中多人鱼，多蛟，多颉[1]。

［注释］

1 颉：据古人说是一种皮毛青色而形态像狗的动物。可能就是水獭。

［译文］

再向东南二十五里的地方，屹立着一座巍峨的高山，名叫葴山。溯水从此山发源，向东南流去，注入汝水。水中生活着很多人鱼、蛟，还有很多像黑狗一样的颉。

又东四十里，曰婴山，其下多青雘，其上多金玉。

[译文]

再向东四十里的地方，屹立着一座巍峨的高山，名叫婴山。山下盛产青雘，山上蕴藏着丰富的黄金和晶莹的美玉。

又东三十里，曰虎首之山，多苴、椆、椐[1]。

[注释]

1 椆：据古人说是一种耐寒冷而不凋落的树木。

[译文]

再向东三十里的地方，屹立着一座巍峨的高山，名叫作虎首山。山中柤梨树、耐冬的椆树和可以用来制作拐杖的椐树生长繁茂。

又东二十里，曰婴侯之山，其上多封石[1]，其下多赤锡。

[注释]

1 封石：篆刻立铭之石。

[译文]

由虎首山再往东二十里，有座婴侯山。山上盛产封石，山下蕴藏着很多赤锡矿石。

又东五十里，曰大孰之山。杀水出焉，东北流注于瀙水，其中多白垩。

[译文]

由婴侯山再往东五十里，有座大孰山。杀水就发源于这座山，流出山涧后向东北流入瀙水。杀水中沉淀着很多白色的垩土。

又东四十里，曰卑山，其上多桃李苴梓，多櫐[1]。

[注释]

1 櫐：同“藟”，蔓生植物，有山藟、虎藟、蓬藟、陵藟等。

［译文］

由大𫐐山再往东四十里，有座卑山。山顶上生长着很多桃树、李树、苴树、梓树，还有很多虆豆。

又东三十里，曰倚帝之山，其上多玉，其下多金。有兽焉，状如鼣鼠，白耳白喙，名曰狙如，见则其国有大兵。

［译文］

由卑山往东三十里，有座倚帝山。这座山的山顶盛产玉石，山下蕴藏着丰富的金矿石。山中有一种兽，形似鼣鼠，耳朵和嘴都是白色的。这种兽名叫狙如，它一旦出现在哪个国家，就预示那个国家将有战乱兵祸。

又东三十里，曰鲵山[1]。鲵水出于其上，潜于其下，其中多美垩。其上多金，其下多青雘。

又东三十里，曰雅山。澧水出焉[2]，东流注于瀙水，其中多大鱼。其上多美桑，其下多苴，多赤金。

又东五十五里，曰宣山。沦水出焉，东南流注于瀙水，其中多蛟。其上有桑焉，大五十尺，其枝四衢[3]，其叶大尺余，赤理黄华青柎，名曰帝女之桑。

[注释]

1 鲵ní山：古山名。

2 澧lǐ水：古水名。

3 其枝四衢qú：此处形容树枝交错而出、四处伸展。

[译文]

从倚帝山再往东三十里，有座鲵山。鲵水发源于这座山上，流至山脚后便潜入地下。鲵水中有盛产优质可制作涂料的垩土。鲵山上蕴藏着丰富的金矿石，山下盛产青雘。

从鲵山再往东三十里，有座雅山。澧水从此山发源，向东流入溉水。澧水中有很多大鱼。雅山上生长着很多美丽的桑树，山下生长着很多柤树，还蕴藏着丰富的赤金矿石。

从雅山再往东五十五里，有座宣山。沦水从此山发源，向东南流入溉水。沦水中有很多蛟。宣山上有一种桑树，树围达五十尺，树枝交错而出，向四处伸展，树叶有一尺多长。这种树的纹理是红色的，开黄色的花，花萼是青色的。这种树名叫帝女桑。

又东四十五里，曰衡山，其上多青雘，多桑，其鸟多鸜鹆。

[译文]

再向东四十五里，有座衡山，山上盛产青雘，还生长着茂密的桑树，这里的禽鸟以八哥最多。

又东四十里，曰丰山，其上多封石，其木多桑，多羊桃，状如桃而方茎，可以为皮张[1]。

[注释]

1 为：治理。这里是治疗的意思。

[译文]

再向东四十里，有座丰山，山上盛产封石，这里的树木大多是桑树，还有大量的羊桃，长得像一般的桃树树，茎干却是方方的，可以用它医治人的皮肤肿胀病。

又东七十里，曰妪山，其上多美玉，其下多金，其草多鸡谷。

[译文]

再向东七十里，有座妪山，山上盛产优质玉石，山下蕴藏着丰富的金矿石，这里的花草以鸡谷草最为繁盛。

又东三十里，曰鲜山，其木多楢杻苴，其草多亹冬，其阳多金，其阴多铁。有兽焉，其状如膜犬[1]，赤喙、赤目、白尾，见则其邑有火，名曰狢即。

［注释］

1 膜犬：据古人说是西膜之犬，这种狗的体形高大，长着浓密的毛，性情凶悍，力量很大。

［译文］

再向东三十里，有座鲜山，这里的树木以楢树、杻树、柤树最多，花草以蔷薇最多，山南面蕴藏着丰富的金属矿石，山北面蕴藏着丰富的铁矿石。山中有一种野兽，外形像膜犬，长着红嘴巴、红眼睛、白尾巴，它在哪个地方出现，哪里就会有火灾，这种动物叫狢即。

又东三十里，曰章山，其阳多金，其阴多美石。皋水出焉，东流注于澧水，其中多脃石[1]。

［注释］

1 脃石：一种即轻又软且易断易碎的石头。脃，即“脆”的本字。

［译文］

再向东三十里，有座章山，山南面蕴藏着丰富的金属矿石，山北面盛产漂亮的石头。皋水从这座山发源，向东流入澧水，水中有许多脃石。

又东二十五里，曰大支之山。其阳多金，其木多榖、柞，无草（木）[1]。

又东五十里，曰区吴之山。其木多苴。

又东五十里，曰声匈之山，其木多榖，多玉，上多封石。

又东五十里。曰大騩之山。其阳多赤金，其阴多砥石。

［注释］

1（木）：据文意不当有“木”字。从郝懿行说，并推文意删。

［译文］

从章山再往东二十五里，有座大支山。这座山的南坡蕴藏着丰富的金矿石。山林中生长的树木大多是构树和柞树，没有花草。

从大支山再往东五十里，有座区吴山。这座山上生长的树木大多是柤树。

从区吴山再往东五十里，有座声匈山。这座山上生长的树木大多是构树。此山盛产玉石，山顶还有很多封石。

从声匈山再往东五十里，有座山名叫大骢山。这座山的南坡蕴藏着丰富的赤金矿石，山的北坡有很多磨石。

又东十里，曰踵臼之山，无草木。

[译文]

再往东十里，有座踵臼山，这座山上不生长任何花草树木。

又东北七十里，曰历石之山，其木多荆芑，其阳多黄金，其阴多砥石。有兽焉，其状如狸，而白首虎爪，名曰梁渠，见则其国有大兵。

[译文]

再往东北七十里，有座历石山，山上的树木以牡荆和枸杞为多，山的南边盛产黄金，山的北边盛产磨石。这座山里有一种野兽，形状像野猫，却长着白色的脑袋和像老虎一样的爪子，这种野兽的名字叫梁渠，它在哪个国家出现，哪个国家就会发生惨烈的战争。

又东南一百里，曰求山，求水出于其上，潜于其下，中有美赭。其木多苴，多䉋[1]。其阳多金，其阴多铁。

[注释]

1 䉋mèi：竹名。

[译文]

再往东南一百里，有座求山，求水就从这座山的山顶发源，潜流到山下，这山里蕴藏着丰富的优质赭石。山中到处都是柤树，还有低矮丛生的䉋竹。山的南边盛产黄金，山的北面则有储量丰富的铁。

又东二百里，曰丑阳之山，其上多椆椐[1]。有鸟焉，其状如乌而赤足，名曰鸩鵌[2]，可以御火。

[注释]

1 椆chóu椐jū：都是树木名。

2 鸩zhǐ鵌tú：鸟名。

[译文]

再往东二百里，有座丑阳山，这座山上有大量椆树和椐树。这座山里有种鸟，外形很像乌鸦，但长着红色的爪子，名字叫鴸鵌，把它养在身边可以预防火灾。

又东三百里，曰奥山，其上多柏杻橿，其阳多㻬琈之玉。奥水出焉，东流注于瀙水。

［译文］

再往东三百里，有座奥山，这座山上生长的树木以柏树、杻树、橿树为多，山的南边盛产㻬琈玉。奥水发源于这座山，向东注入瀙水。

又东三十五里，曰服山，其木多苴，其上多封石，其下多赤锡。

［译文］

再往东三十五里，有座服山，山上的树木以柤树居多，山上还有大量的封石，山下红色锡土的产量很大。

又东百十里，曰杳山，其上多嘉荣草，多金、玉。

［译文］

再向东一百一十里的地方，屹立着一座高山，名叫杳山。山中草木丛生，嘉荣草生长得特别茂盛。山中盛产黄金和美玉。

又东三百五十里，曰几山，其木多楢、檀、杻，其草多香。有兽焉，其状如彘，黄身、白头、白尾，名曰闻䗥，见则天下大风。

[译文]

再向东三百五十里的地方，屹立着一座山，名叫几山。山中树木多是楢树、檀树和杻树，草类多是香草。山中生活着一种野兽，形状像猪，但身上的毛皮是黄色的，头和尾巴是白色的，它的名字叫闻䗥。这种兽能预知大风的到来，只要它一出现，天下就会刮起狂风。

凡荆山之首，自翼望之山至于几山，凡四十八山，三千七百三十二里。其神状皆彘身人首。其祠：毛用一雄鸡祈、瘗，婴用一珪，糈用五种之精。禾山，帝也，其祠：太牢之具，羞瘗，倒毛，婴用一璧。牛无常。堵山、玉山，冢也，皆倒祠，羞用少牢，婴用吉玉。

[译文]

总计荆山山系之中，从翼望山起，到几山为止，共有四十八座大山，蜿蜒三千七百三十二里。诸山的山神都是猪身人首，祭祀这些神仙时，牲畜要用一只雄鸡取血涂祭，然后把鸡埋进土里。米是用从五谷中选出来的精米，还要把一块美玉埋在地下。禾山，是众山的首领，祭祀的方法与其他山不同，是用牛、羊和猪等毛牲畜作祭品，祭献后倒着身子埋入地下；有时用一块璧玉，不一定非要用牛作祭品。堵山和玉山，是众山的宗主，祭祀时，都要将牲畜倒着埋倒。进献的祭祀品是用猪、羊，祀神的玉器中要用一块美玉。

中次十二经洞庭山之首，曰篇遇之山，无草木，多黄金。

[译文]

中央第十二列山系洞庭山山系的首座山，是篇遇山，这里不生长花草树木，蕴藏着丰富的黄金。

又东南五十里，曰云山，无草木。有桂竹[1]，甚毒，伤人必死[2]，其上多黄金，其下多㻬琈之玉。

[注释]

1 桂竹：竹子的一种。古人说它有四五丈高，茎干合围有二尺粗，叶大节长，长得像甘竹，但皮是红色的。

2 伤：刺的意思。作动词用。

[译文]

再向东南五十里，有座云山，不生长花草树木。但有一种桂竹，毒性特别大，人被枝叶刺着必死。山上盛产黄金，山下盛产瑾瑜玉。

又东南一百三十里，曰龟山，其木多榖柞椆椐，其上多黄金，其下多青、雄黄，多扶竹[1]。

[注释]

1 扶竹：即邛竹。节较长，中间实心，可用于制作手杖，所以又叫扶老竹。

[译文]

再向东南一百三十里，有座龟山，这里的树木以构树、柞树、椆树、椐树最为繁盛，山上盛产黄金，山下大量出产石青、雄黄，还生长着很多扶竹。

又东七十里，曰丙山，多筀竹[1]，多黄金、铜、铁，无木。

[注释]

1 箽竹：就是桂竹。据古人讲，因它是生长在桂阳地方的竹子，所以叫桂竹。

[译文]

再向东七十里，有座丙山，山上生长着茂密的桂竹，蕴藏着丰富的黄金、铜、铁，但没有树木。

又东南五十里，曰风伯之山，其上多金玉，其下多痠石文石，多铁，其木多柳杻檀楮。其东有林焉，曰莽浮之林，多美木鸟兽。

[译文]

再向东南五十里，有座风伯山，山上蕴藏着丰富的金属矿石和玉石，山下盛产痠石和色彩斑斓的石头，还盛产铁，这里的树木以柳树、杻树、檀树、构树最多。在风伯山东面有一片树林，名叫莽浮林，其中有许多的优质树木和禽鸟、野兽。

又东一百五十里，曰夫夫之山[1]。其上多黄金，其下多青、雄黄。其木多桑、楮，其草多竹、鸡鼓[2]。神于儿居之，其状人身而身操两蛇，常游于江渊，出入有光。

又东南一百二十里，曰洞庭之山。其上多黄金，其下多银、铁。其木多柤、梨、橘、櫾，其草多葌、蘼芜[3]、芍药、芎䓖。帝之二女居之[4]，是常游于江渊。澧、沅之风，交潇湘之渊，是在九江之间，出入必以飘风暴雨。是多怪神，状如人而载蛇[5]，左右手操蛇。多怪鸟。

[注释]

1 夫夫之山：夫夫山，一作“大夫山”。

2 鸡鼓：即上文所述及的鸡谷草。

3 蘼mí芜：一种有药用价值的香草。

4 帝之二女：古代神话传说中，天帝的两个女儿娥皇、女英。

5 载：戴；带。

[译文]

从风伯山再往东一百五十里，有座山名叫夫夫山。山上蕴藏着丰富的黄金矿石，山下盛产石青、雄黄石。山上生长的树木大多是桑树、构树，草类主要是竹子和鸡鼓草。于儿神居住在这座山上，形貌同人一样，但总是手持两条蛇。于儿神常常在长江的江水深处巡游，每次进出江水都有光芒闪现。

从夫夫山再往东南一百二十里，有座山名叫洞庭山。洞庭山山上蕴藏着丰富的黄金矿产，山下蕴藏着丰富的银矿石、铁矿石。山林中的树木主要是柤树、梨树、橘树、柚树，生长的花草类主要有兰草、蘼芜、芍药、川芎。天帝的两个女儿娥皇、女英居住在这座山上。她俩常常在长江深处巡游。从澧水、沅水吹来的清风，交汇在幽清的湘水渊潭上，那里是九江汇合的中心，她们每每出入江河湖泊都会伴随着暴风骤雨出现。洞庭山中还居住着很多奇怪的神仙，他们形貌似人，身上总是绕着蛇，左右手也都拿着蛇。这座山上还有很多怪鸟。

又东南一百八十里，曰暴山。其木多棕、楠、荆、芑、竹、箭、䉋、箘[1]，其上多黄金、玉，其下多文石、铁，其兽多麋鹿、麐[2]、就[3]。

又东南二百里，曰即公之山。其上多黄金，其下多㻬琈之玉，其木多柳、杻、檀、桑。有兽焉，其状如龟，而白身赤首，名曰蛫[4]，是可以御火。

［注释］

1 箘jùn：小竹中的一种。竹杆质地优良，可用于制作箭杆。

2 麐jǐ：同“麂”。一种小型鹿类，仅雄性有角。

3 就：即鹫，属于雕鹰之类的猛禽。

4 蛫guǐ：古代传说中的一种野兽。

[译文]

从洞庭山再往东南一百八十里，有座山名叫暴山。这座山上生长的树木大多是棕榈树、楠树、牡荆树、枸杞树，以及竹子、箭竹、䉋竹、箘竹等各种竹子。这座山的山上蕴藏着丰富的黄金矿石和玉石，山下盛产彩色花纹的漂亮石头和铁矿石。山林中的野兽大多是麋鹿和麢。禽鸟主要是鹫。

从暴山再往东南二百里，有座山名叫即公山。这座山的山上蕴藏着丰富的黄金矿石，山下盛产㻬琈玉。山林中的树木主要有柳树、杻树、檀树、桑树。山中有一种野兽，形状像龟，但全身都是白色的，头是红色的。这种兽名叫蛫，饲养它可以防御火灾。

又东南一百五十九里，曰尧山，其阴多黄垩，其阳多黄金，其木多荆芑柳檀，其草多藷芎茉。

[译文]

由即公山往东南一百五十九里，有座山名叫尧山。这座山的北坡盛产黄色的垩土，山的南坡蕴藏着丰富的黄金矿石。生长的树木多是牡荆树、枸杞树、柳树、檀树，生长的草类主要有山药、苍术、白术。

又东南一百里，曰江浮之山，其上多银、砥砺，无草木，其兽多豕鹿。

［译文］

由尧山往东南一百里有座山，名叫江浮山。江浮山的山上盛产银和磨石，但山上光秃秃的，寸草不生。山上出没的野兽主要是野猪和鹿。

又东二百里，曰真陵之山，其上多黄金，其下多玉，其木多榖柞柳杻，其草多荣草。

［译文］

由江浮山往东二百里有座山，名叫真陵山。真陵山的山巅盛产黄金，山坡下盛产玉石。山上生长的树木多是构树、柞树、柳树、杻树，生长的草类主要是荣草。

又东南一百二十里，曰阳帝之山，多美铜，其木多橿杻檿楮[1]，其兽多麢麝[2]。

［注释］

1 槩：木名。桑，即山桑，桑树的一种，叶可饲蚕，内皮可造纸，木可制弓。

2 麝：香獐子，形状像鹿，但小而无角，尾巴短，脐部有香腺能分泌麝香。

［译文］

由真陵山往东南一百二十里有座山，名叫阳帝山。阳帝山蕴藏着丰富的优质铜矿石。这座山上生长的树木主要是橿树、杻树、山桑、构树，出没的野兽主要有羚羊和香獐。

又南九十里，曰柴桑之山，其上多银，其下多碧，多泠石、赭，其木多柳芑楮桑。其兽多麋鹿，多白蛇飞蛇[1]。

［注释］

1 飞蛇：传说中会飞的蛇。即螣蛇，也作“腾蛇”。

［译文］

由阳帝山往南九十里有座山，名叫柴桑山。这座山的山顶盛产银，山坡下盛产碧玉、泠石和赭石。生长的树木主要有柳树、枸杞、构树、桑树，出没的野兽主要是麋鹿，还有很多白蛇和飞蛇。

又东二百三十里，曰荣余之山。其上多铜，其下多银。其木多柳芑，其虫多怪蛇怪虫。

凡洞庭山之首，自篇遇之山至于荣余之山，凡十五山，二千八百里。其神状皆鸟身而龙首。其祠：毛用一雄鸡、一牝豚刏[1]，糈用稌。凡夫夫之山，即公之山，尧山、阳帝之山，皆冢也，其祠：皆肆瘗[2]，祈用酒，毛用少牢，婴毛一吉玉。洞庭、荣余山神也，其祠：皆肆瘗，祈酒太牢，祠婴用圭璧十五，五采惠之。

右中经之山志，大凡百九十七山，二万一千三百七十一里。

大凡天下名山五千三百七十，居地，大凡六万四千五十六里。禹曰：天下名山经，五千三百七十山，六万四千五十六里，居地也。言其《五臧》，盖其余小山甚众，不足记云。天地之东西二万八千里，南北二万六千里，出水之山者八千里，受水者八千里，出铜之山四百六十七，出铁之山三千六百九十。此天地之所分壤树谷也[3]，戈矛之所发也[4]，刀铩之所起也[5]，能者有余，拙者不足。封于太山，禅于梁父，七十二家，得失之数，皆在此内，是谓国用[6]。

右《五臧山经》五篇，大凡一万五千五百三字。

[注释]

1 牝豚：公猪。

2 肆：陈设。

3 树：种植，栽培。谷：谷物，泛指农作物。

4 戈矛：戈和矛。亦泛指兵器。

5 锬：长刃矛，古代的一种兵器。

6 国用：为国所用。

[译文]

由柴桑山往东二百三十里有座山，名叫荣余山。荣余山的山巅蕴藏着丰富的铜矿资源，山坡下则盛产银。山上生长的树木主要有柳树和枸杞树，还有很多怪蛇、怪虫。

综观中部第十二列山系，即洞庭山脉，西自篇遇山，东至荣余山，共计十五座山，绵延两千八百里。这些山的山神体形像鸟，脑袋却像龙。祭祀这些山神的礼仪：用一只宰杀的公鸡、一头宰杀的公猪作为毛物祭品；用稻米作精米。其中夫夫山、即公山、光山、阳帝山是众山的宗主，祭祀时用猪、羊作为毛物，用酒敬献祭神，将毛物和酒先陈设祭祀，再埋在地下，玉用一块吉玉，系在毛物颈项上。而洞庭山、荣余山是神社，祭祀这两座山的山神，用猪、羊、牛作为毛物，并敬献酒，在毛物颈项上系十五块圭玉和璧玉，并在这些玉上涂饰五色。祭祀时先将祭物陈设，祈祷后将祭物埋到地下。

以上所述中部山系，总共一百九十七座山，绵延二万一千三百七十一里。

天下名山总共有五千三百七十座，分布在东南西北中部各处，并连成一体，绵延六万四千五十六里。

大禹曾经说过：天下名山，我走过的有五千三百七十座山，绵延六万四千五十六里，这些山分布在东南西北中各处。上面五种山经中记录了一些具有代表性的山，而其他一些小山太多，实在无法统计。天地间，从东到西距离二万八千里，从南到北距离二万六千里。天下名山中，为河流发源地的山，共有八千里；河流流经的山，也有八千里；蕴藏着铜矿资源的山，共有四百六十七座；蕴藏着铁矿资源的山，共有三千六百九十座。这些山蕴藏着丰富的资源。这是划分疆土，种植谷物的分界，也是引发战争的地方。它使有能力的人富裕有余，使愚拙的人匮乏不足。国君在泰山山上筑坛受封、在梁父山上辟场祭地的，共有七十二家。这七十二家中得失、荣辱、兴衰的规律都在其中，这些内容可为治理国家所用。

以上是《五藏山经》五篇，总共是一万五千五百零三个字。

三首国

卷六　海外南经

地之所载，六合之间[1]，四海之内，照之以日月，经之以星辰，纪之以四时[2]，要之以太岁[3]，神灵所生，其物异形，或夭或寿，唯圣人能通其道。

［注释］

1 六合：古人以东、西、南、北、上、下六方为六合，泛指天下或宇宙。

2 四时：古人以春、夏、秋、冬四季为四时。

3 太岁：又叫岁星，即木星。木星在黄道带里每年经过一宫，约十二年运行一周天，所以古人用以纪年。

[译文]

大地所承载的，包括宇宙之间，四海以内，以太阳和月亮照明，以大小星辰划界，以春夏秋冬记录四时更替，以太岁星矫正年度的变化。大地上的一切都是神灵造化所生成，故万物各有不同的形状，有的短寿，有的长寿，只有圣明的人才能懂得其中的道理。

海外自西南陬至东南陬者[1]。

[注释]

1 陬：角。

[译文]

海外南经所记载的从西南角到东南角的国家地区、山丘河川分别如下。

结匈国在其西南[1]，其为人结匈。

[注释]

1 结匈：可能指现在所说的鸡胸。匈，同“胸”。其：指邻近结匈国的灭蒙鸟。可参看《海外西经》。

[译文]

结匈国在灭蒙鸟的西南面，那里的人都长着像鸡一样的胸脯。

南山在其东南。自此山来，虫为蛇，蛇号为鱼。一曰南山在结匈东南。

[注释]

南山在灭蒙鸟的东南。从这座山来的人，都把虫叫作“蛇”，而把蛇称为“鱼”。也有一种说法认为南山在结匈东南方的说法。

比翼鸟在其东[1]。其为鸟青、赤，两鸟比翼。一曰在南山东。

[注释]

1 比翼鸟：传说中的一种鸟，雌雄两只鸟配合在一起飞。比翼，一同振动羽翼。

[译文]

比翼鸟栖息在灭蒙鸟的东边。这种鸟为一只青鸟和一只红鸟，两只鸟各有一只翅膀，必须一同振动羽翼才能飞翔。

也有一种说法认为比翼鸟在南山的东边。

羽民国在其东南，其为人长头，身生羽。一曰在比翼鸟东南，其为人长颊[1]。

[注释]

1 颊：面颊，脸的两侧从眼到下颌部分。

[译文]

羽民国在灭蒙鸟的东南。羽民国的百姓脑袋较长，身上长着羽毛。也有一种说法认为羽民国在比翼鸟的东南面，那里的人都长着长长的脸颊。

有神人二八，连臂[1]，为帝司夜于此野[2]。在羽民东。其为小人颊赤肩。尽十六人。

[注释]

1 连臂：手挽手，臂挽臂。

2 司夜：巡夜，主管夜间的报时。

[译文]

有十六位神人，他们互相挽着臂膀，天天为黄帝在山野中巡夜。他们居住在羽民国东。这十六位神人的脸颊都比较短，肩胛是红色的。总共是十六个人。

毕方鸟在其东，青水西，其为鸟人面一脚。一曰在二八神东。

[译文]

毕方鸟栖息在十六位神人的东边，在青水的西边。毕方鸟的身形是鸟，但长着人的面孔，而且只有一只脚。也有一种说法认为毕方鸟在十六位神人居住地的东边。

讙头国在其南，其为人人面有翼，鸟喙，方捕鱼。一曰在毕方东。或曰讙朱国。

[译文]

毕方鸟的南边是讙头国。讙头国的人虽然面孔是人的面孔，但长着一对翅膀，嘴似鸟喙，擅长捕鱼。也有一种说法认为讙头国在毕方鸟栖息地的东边，还有人认为讙头国又叫讙朱国。

厌火国在其国南[1]，兽身黑色。生火出其口中。一曰在讙朱东。

［注释］

1 国：一说为衍字。

［译文］

厌火国在讙朱国的南面，这里的人是野兽的身子，浑身黑色，口中喷出火焰。另一种说法认为厌火国在讙朱国的东面。

三株树在厌火北。生赤水上。其为树，如柏，叶皆为珠。一曰其为树若彗。

三苗国在赤水东[1]。其为人，相随。一曰三毛国。

䇄国在其东[2]。其为人，黄，能操弓射蛇。一曰䇄国在三毛东。

贯匈国在其东[3]。其为人，匈有窍[4]。一曰在䇄国东。

交胫国在其东。其为人，交胫[5]。一曰在穿匈东。

不死民在其东。其为人，黑色，寿，不死。一曰在穿匈国东。

岐舌国在其东[6]。一曰在不死民东。

［注释］

1 三苗国：亦作三毛国，苗与毛声近。

2 臷zhì国：传说中的国名。

3 贯匈：亦作穿匈，匈通“胸”。

4 窍：洞。

5 交胫：小腿弯曲相交。胫，小腿。

6 岐舌：郭璞注：“其人舌皆岐，或云支舌也。”郝懿行按：“支舌即岐舌也。或作反舌，盖字之讹也。”

[译文]

三株树生长在厌火国的北边，赤水河的上游。这种树长得像柏树，叶子都呈珠子状。也有一种说法认为，三株树的形状与慧星相似。

三苗国在赤水河的东边，那里的人一个跟着一个走。也有一种说法认为三苗国就是三毛国。

臷国在三苗国的东边。那里的人肤色黄，能操持弓箭射毒蛇。也有一种说法认为臷国在三毛国的东面。

贯匈国在臷国的东边。那里的人胸部有个洞。也有一种说法认为贯匈国在臷国的东面。

交胫国在贯匈国的东边。那里的人小腿弯曲相交。另一种说法认为交径国在贯匈国的东面。

不死民在交胫国的东边。那里的人肤色黑，长寿，不死。也有一种说法认为，不死民在穿匈国的东面。

岐舌国在它的东面。也有一种说法认为岐舌国在不死民的东边。

昆仑虚在其东[1]，虚四方[2]。一曰在岐舌东，为虚四方。

羿与凿齿战于寿华之野[3]，羿射杀之。在昆仑虚东。羿持弓矢，凿齿持盾。一曰戈。

三首国在其东。其为人，一身，三首。

周饶国在其东[4]。其为人，短小，冠带[5]。一曰焦侥国在三首东。

长臂国在其东。捕鱼水中，两手各操一鱼。一曰在焦侥东，捕鱼海中。

［注释］

1 昆仑虚：即昆仑山，亦作昆仑丘。

2 虚：指山下底部地基。

3 羿：即后羿，传说中的天神，善射。凿齿：神人名，齿长五六尺，状如凿子，故名。寿华：南方泽名，亦作畴华。

4 周饶国：传说中的小人国，其国人身高只有三尺。“周饶”亦作“焦侥”，皆“侏儒”之声转。

5 冠带：名词用作动词，即戴冠系带。

[译文]

昆仑虚在岐舌国的东边，山基呈四方形。另一种说法认为，昆仑虚在岐舌国的东面，山基向四方延伸。

后羿和凿齿在寿华野外交战，后羿射杀了凿齿，就在昆仑虚东边。那次交战中，后羿持着弓箭，凿齿持着盾牌。另一种说法认为，凿牙拿着戈。

三首国在寿华的东边。那里的人都是一个身体，长着三个脑袋。

周饶国在三首国的东边。那里的人个子矮小，戴着帽子，系着腰带。也有一种说法认为焦侥国位于三首国的东面。

长臂国在周饶国的东边。那里的人在水中捕鱼，能两手各抓一条鱼。也有一种说法认为，长臂国在焦侥国的东面，国中之民在海中捕鱼。

狄山，帝尧葬于阳，帝喾葬于阴。爰有熊、罴、文虎、蜼、豹、离朱、视肉。吁咽[1]、文王皆葬其所。一曰汤山。一曰爰有熊、罴、文虎、蜼、豹、离朱、鸱久、视肉、虖交。其范林方三百里[2]。

[注释]

1 吁咽：袁珂注：“吁咽与文王并列。疑当是人名。

《大荒南经》云：‘帝尧、帝喾、帝舜葬于岳山。’郭璞注：‘即狄山也。’则所谓吁咽者，或当是舜之析音，吁咽相切，其音近舜，狄山之吁咽，当即岳山之舜也。”

2 范林：袁珂校注：“郭璞云：‘言林木氾濫布衍也。’郝懿行云：‘范林，《海内南经》作氾林，范、氾通。’袁珂按：《海内北经》亦作‘氾林’。”

[译文]

北狄，帝尧葬在狄山的南面，帝喾葬在狄山的北面，那里有熊、罴、身上长花纹的虎、猕猴、离朱鸟、鸱久和视肉兽、虖交等野兽。吁咽、文王也都葬在那里。另一说法是葬在汤山，那里也有上述各种野兽。周围是范林，方圆达三百里。

南方祝融，兽身人面，乘两龙。

[译文]

南方有个神叫祝融，长着野兽的身子人的面孔，常乘着两条龙飞行。（祝融是黄帝的儿子）

刑天

卷七　海外西经

海外自西南陬至西北陬者。

[译文]

海外西经所记载的自西南角至西北角的国家地区、山丘河川分别如下。

灭蒙鸟在结匈国北，为鸟青，赤尾。

[译文]

灭蒙鸟在结匈国的北部，鸟的羽毛是青色的，尾巴是红色的。

大运山高三百仞，在灭蒙鸟北。

［译文］

大运山高三百仞，在灭蒙鸟北面。

大乐之野，夏后启于此儛《九代》[1]，乘两龙，云盖三层。左手操翳[2]，右手操环，佩玉璜[3]。在大运山北。一曰大遗之野。

［注释］

1 夏后启于此儛wǔ：夏后启就是夏朝的开国君主夏启，大禹的儿子。儛，同“舞”。

2 翳yì：用羽毛装饰的伞盖，是一种仪仗。

3 璜huáng：一种半圆形的玉器，是一种礼器。

［译文］

大乐野，是夏后启观看乐舞《九代》的地方，夏后启驾两条龙，有三重云雾在他的头上作为伞盖。他左手握着一只华盖，右手拿一只玉环，腰间佩带一块玉璜。大乐野在大运山北边。还有一种说法认为夏后启观看《九代》乐舞的地方是在大遗野。

三身国在夏后启北，一首而三身。

[译文]

三身国在夏后启北边，那里的人长着一个脑袋和三个身子。

一臂国在其北，一臂、一目、一鼻孔。有黄马虎文，一目而一手。

[译文]

一臂国在三身国北边，那里的人只有一条胳膊、一只眼睛和一个鼻孔。那里还有一种黄色的马，身上有老虎斑纹，只有一只眼睛和一只手。

奇肱之国在其北[1]，其人一臂三目，有阴有阳，乘文马[2]。有鸟焉，两头，赤黄色，在其旁。

[注释]

1 奇jī肱gōng：奇，单个的。肱，上臂，手臂由肘到肩的部分，这里指代整个手臂。

2 文马：就是下文所谓的吉良马，白身子红鬃毛，眼睛金色。

［译文］

奇肱国在一臂国的北边。那里的人都是一条胳膊和三只眼睛，眼睛分阴阳，阴眼在上，阳眼在下，都骑着有花纹的吉良马。那里有一种鸟，长着两个脑袋，身体是红黄色的，栖息在奇肱国人的身边。

刑天与帝争神[1]，帝断其首，葬之常羊之山。乃以乳为目，以脐为口，操干戚以舞[2]。

［注释］

1 刑天：神话中没有脑袋的神。

2 干：盾。戚：斧。

［译文］

刑天与天帝争夺神位，天帝砍掉了刑天的头，把他的头埋在常羊山。刑天就以乳头为眼睛，以肚脐为嘴巴，一手持盾牌一手舞动大斧继续作战。

女祭、女薎在其北[1]，居两水间。薎操鱼䱇[2]，祭操俎[3]。

[注释]

1 蔑miè：古字同“蔑”。

2 觛dàn：古代一种圆形的小酒器。

3 俎zǔ：古代祭祀时放祭品的礼器。

[译文]

有两个女巫叫祭和蔑，她们住在刑天与天帝发生争斗之地的北边，正好处于两条河流中间。女巫蔑手里拿着一只小酒杯，女巫祭手里捧着俎器。

鸾鸟、鸇鸟[1]，其色青黄，所经国亡。在女祭北。鸾鸟人面，居山上。一曰维鸟，青鸟、黄鸟所集。

[注释]

1 鸾cì鸟：鸟名。鸇zhān鸟：鸟名。

[译文]

鸾鸟和鸇鸟，颜色都是青中带黄，它们经过的国家都会败亡。它们的栖息地在女巫祭的北面。鸾鸟长着人一样的面孔，栖息山上。还有一种说法认为这两种鸟统称维鸟，是青鸟和黄鸟聚集在一起的混称。

丈夫国在维鸟北，其为人衣冠带剑。

[译文]

丈夫国在维鸟北边，那里的人都穿衣戴帽且腰佩宝剑。

女丑之尸，生而十日炙杀之[1]。在丈夫北。以右手鄣其面[2]。十日居上，女丑居山之上。

[注释]

1 炙zhì：炙烤。

2 鄣zhāng：同“障”，遮挡，遮掩。

[译文]

有一具女丑的尸体，她是被十个太阳的热气活活炙烤而死的。她的尸体就在丈夫国北边，死前用右手遮住脸。十个太阳高高挂在尸体上方的天空中，女丑的尸体就在山顶上。

巫咸国在女丑北。右手操青蛇，左手操赤蛇。在登葆山[1]，群巫所从上下也。

并封在巫咸东[2]，其状如彘[3]，前后皆有首，黑。

女子国在巫咸北。两女子居，水周之[4]。一曰居一门中。

[注释]

1 登葆山：郝懿行按："登葆山《大荒西经》作登备山，葆备声之转也。"

2 并封：郝懿行按："《大荒西经》又作屏蓬，皆一物，或曰即两头鹿也。"

3 彘zhì：猪。

4 周：环绕。

[译文]

巫咸国在女丑尸的北边。那里的人右手持着青蛇，左手持着红蛇。在一座登葆山，是巫师们来往于天上与人间的通路。

被称为并封的怪兽生活在巫咸国的东边。它的形状像猪，前后都有头，黑色。

女子国位于巫咸国的北边。有两个女子住在那里，四周有水环绕着。也有一种说法认为她们住在一道门的中间。

轩辕之国[1]，在此穷山之际，其不寿者八百岁。在女子国北。人面蛇身，尾交首上。

穷山在其北。不敢西射，畏轩辕之丘。在轩辕国北。其丘方，四蛇相绕。

此诸夭之野[2]，鸾鸟自歌，凤鸟自舞，凤凰卵，民食

之；甘露，民饮之，所欲自从也。百兽相与群居。在四蛇北。其人两手操卵食之，两鸟居前导之。

［注释］

1 轩辕之国：传说是黄帝出生之国。

2 此诸夭之野："此"字疑为衍文，夭野，《大荒西经》作沃野，"夭"乃"沃"之省文，依郝懿行说。

［译文］

轩辕国在穷山的旁边，那里的人就算不长寿者也能活八百岁。轩辕国位于女子国的北边。国民长着人的面孔和蛇的身形，尾巴盘绕到头上。

穷山在轩辕国的北边。那里的人不敢向西射箭，是因为敬畏黄帝居住地轩辕丘。轩辕丘在轩辕国的北面，这个丘呈方形，丘上有四条蛇互相缠绕着。

有个叫沃野的地方，有鸾鸟自由歌唱，凤鸟自由飞舞，凤凰下的蛋，人们食用它；天降甘甜的露水，人们饮用它；那里的人们想要什么就会得到什么。各种野兽与人群居。沃野在四条蛇的北边，那里的人两手拿着凤凰蛋正在吃着，两只鸟在前面引导他们。

龙鱼陵居在其北[1]，状如狸。一曰鰕[2]。即有神圣乘

此以行九野。一曰鳖鱼在夭野北，其为鱼也如鲤。

[注释]

1 龙鱼：即龙鲤。一说指鲵鱼，人鱼。

2 鰕：大鲵，体形较大的鲵鱼。

[译文]

沃野的北边是龙鱼居住的地方。龙鱼既可住在水里，又可住在山上。龙鱼的身形似鲤鱼。也有一种说法认为它的身形似鰕。龙鱼一般是天神、天圣的坐骑。天神、天圣常常乘着龙鱼巡游九天。也有人说沃野的北边是鳖鱼，这种鱼的形状也与鲤鱼相似。

白民之国在龙鱼北，白身被发[1]。有乘黄[2]，其状如狐，其背上有角，乘之寿二千岁。

[注释]

1 被：通“披”。

2 乘黄：传说中的异兽名。

[译文]

白民国位于龙鱼所在地的北面。那里的人全身都是白色的，披头散发。白民国有种坐骑名叫乘黄，身形似狐，但背上长着角。人要是乘坐这种坐骑，便可以长寿，活到两千岁。

肃慎之国在白民北。有树名曰雄常[1]，先入伐帝，于此取之。

[注释]

1 雄常：神话中的树名，树皮可以制成衣服。

[译文]

肃慎国位于白民国的北边。肃慎国有种树名叫雄常。每当中原地区有圣人继位、替代暴君时，都要到这里来，用雄常树的树皮制成衣服。

长股之国在雄常北，披发。一曰长脚。

[译文]

长股国位于肃慎国的北边，那里的人都披散着头发。也有一种说法认为长股国人的脚很长。

西方蓐收[1]，左耳有蛇，乘两龙。

[注释]

1 蓐收：古代传说中的西方神名，司秋，也是金神。

[译文]

西方有尊神名叫蓐收。有人说他左耳内有一条蛇守护着。他的坐骑是两条龙。

聂耳国

卷八　海外北经

海外自西北陬至东北陬者。

[译文]

海外北经所记载的从西北角到东北角的国家地区、山丘河川分别如下。

无启之国在长股东[1]，为人无启。

[注释]

1 无启：无嗣。

[译文]

无启国在长股国的东面，那里的人不生育子孙后代。

钟山之神，名曰烛阴，视为昼，瞑为夜，吹为冬，呼为夏，不饮，不食，不息，息为风。身长千里。在无启之东。其为物，人面，蛇身，赤色，居钟山下。

[译文]

钟山的山神，名叫烛阴，他睁开眼睛便是白天，闭上眼睛便是黑夜，一吹气便是寒冬，一呼气便是炎夏，不喝水，不吃食物，不呼吸，一呼吸就生成风。身子有一千里长。这位烛阴神居住在无启国的东面。他的形貌是人的面孔，蛇一样的身子，全身赤红色，住在钟山脚下。

一目国在其东，一目中其面而居。一曰有手足。

[译文]

一目国在钟山的东面，那里的人是在脸的中间长着一只眼睛。也有一种说法认为那里的人像普通的人有手有脚。

柔利国在一目东，为人一手一足，反厀，曲足居上。一云留利之国，人足反折。

[译文]

柔利国在一目国的东面，那里的人是一只手一只脚，膝盖反长着，脚弯曲朝上。也有一种说法认为柔利国叫留利国，人的脚是反折着的。

共工之臣曰相柳氏，九首，以食于九山。相柳之所抵，厥为泽溪[1]。禹杀相柳，其血腥，不可以树五谷种[2]。禹厥之，三仞三沮，乃以为众帝之台。在昆仑之北，柔利之东。相柳者，九首人面，蛇身而青。不敢北射，畏共工之台。台在其东。台四方，隅有一蛇，虎色，首冲南方。

[注释]

1 厥：通“撅”，掘。

2 五谷：五种谷物。泛指庄稼。

[译文]

天神共工的臣子叫相柳氏，有九个头，九个头分别在九座山上吃食物。相柳氏所触到的地方，便掘成沼泽和溪谷。大禹杀死了相柳氏，他的血流过的地方发出腥臭味，不能种植五谷。大禹挖填这些地方，多次填满却又多次塌陷下去，于是大禹便用挖掘出来的泥土为众帝修造了帝台。这帝台在昆仑山的北面，柔利国的东面。这个相柳氏，长着九个脑袋、人的面孔、蛇的身子并且浑身青色。射箭的人不敢向北方射，因为敬畏共工威灵所在的共工台。共工台在相柳的东面，台呈四方形，每个角上有一条蛇，身上的斑纹与老虎相似，头向着南方。

深目国在其东，为人深目，举一手。一曰在共工台东。

[译文]

深目国在相柳氏所处之地东边，那里的人眼眶很高，眼睛深深陷在眼窝里，总是举着一只手。也有一种说法认为深目国在共工台的东面。

无肠之国在深目东，其为人长而无肠。

[译文]

无肠国在深目国的东边，那里的人身形高大，肚子里没有肠子。

聂耳之国在无肠国东[1]，使两文虎[2]，为人两手聂其耳。县居海水中[3]，及水所出入奇物[4]。两虎在其东。

[注释]

1 聂shè耳："聂"通"摄"，拿捏，持握。

2 文虎：身上有花纹的老虎。

3 县居：独自居住。县，是孤单无所依托的意思。

4 及：通"极"，极尽之意。

[译文]

聂耳国在无肠国的东边，那里的人都能够驱使两只有花纹的虎，都用手托着自己的两只大耳朵。聂耳国孤悬在海外的岛屿上，能看到所有出入海水的各种怪物。有两只老虎在聂耳国东面。

夸父与日逐走[1]，入日。渴欲得饮，饮于河渭，河渭不足，北饮大泽。未至，道渴而死。弃其杖，化为邓林[2]。

[注释]

1 逐：竞争。

2 邓林：即《中山经》所言桃林。在今河南灵宝西南。

[译文]

神人夸父追赶太阳，渐渐追上了太阳。这时夸父很渴，想要喝水，于是就到黄河和渭河去喝水，夸父喝干了两条河的水还不解渴，又想去喝北边大沼泽的水，还没跑到就渴死在半路上了。他死时扔掉的拐杖变成了邓林。

夸父国在聂耳东，其为人大，右手操青蛇，左手操黄蛇。邓林在其东，二树木。一曰博父。

[译文]

夸父国在聂耳国的东面，那里的人都身形高大，右手捏着条青蛇，左手捏着条黄蛇。邓林在夸父国的东面，实际上树林只是由两棵树冠非常大的树组成。还有另一种说法认为夸父国叫博父国。

禹所积石之山在其东，河水所入。

[译文]

禹所积石山在博父国的东面，是黄河流入的地方。

拘瘿之国在其东[1]，一手把瘿。一曰利瘿之国。

[注释]

1 瘿yǐng：一种疾病，因细胞增生形成的囊状赘生物，多为肉质，长在脖子上。

[译文]

拘瘿国在禹所积石山的东边，那里的人常用一只手托着脖子上的肉瘤。也有一种说法认为拘瘿国叫利瘿国。

寻木长千里，在拘瘿南，生河上西北。

跂踵国在拘瘿东[1]，其为人大，两足亦大。一曰大踵。

欧丝之野在大踵东[2]，一女子跪据树欧丝[3]。

三桑无枝，在欧丝东，其木长百仞，无枝。

范林方三百里，在三桑东，洲环其下[4]。

[注释]

1 跂踵：或作“反踵”“大踵”，郝懿行按：“跂踵之为反踵，亦犹岐舌之为反舌矣，已见《海外南经》”；“大踵疑当为支踵或反踵，并字形之讹”。今按：跂踵当指脚后跟分叉。犹如跂舌指舌头分叉。

2 欧丝：吐丝。欧，同“呕”。

3 据：凭依，靠着。

4 洲：水中的陆地，即岛。

［译文］

寻木树高可千里，长在拘瓔国的南边，也就是生长在黄河上游的西北部。

跂踵国在拘瓔国的东边，那里的人身材高大，两只脚也大。也有一种说法认为跂踵国叫反踵国。

欧丝野位于大踵国的东面，有一个女子跪着靠在树旁边吐丝。

有三棵没有枝干的桑树在欧丝野的东边。这种桑树高达百仞，不长树枝。

范林三百里见方，位于三棵桑树的东边，它的下面被沙洲所环绕。

务隅之山，帝颛顼葬于阳[1]，九嫔葬于阴[2]。一曰爰有熊、罴、文虎、离朱、鴟久、视肉。

［注释］

1 颛顼：传说中的上古帝王，即高阳氏。

2 九嫔：宫中女官。也是帝王的妃子。这里指颛顼的九个妃嫔。

［译文］

有座务隅山，颛顼就葬在这座山的南坡。北坡则葬着颛项的九位嫔妃。传说这座山上还有熊、罴、文虎、离朱、鴟久、视肉等野兽。

平丘在三桑东。爰有遗玉[1]、青鸟[2]、视肉[3]、杨柳、甘柤[4]、甘华，百果所生。有两山夹上谷，二大丘居中，名曰平丘。

[注释]

1 遗玉：一种玉石，即千年琥珀。

2 青鸟：传说中的仙鸟名，相传为王母的使者。

3 视肉：古代传说中的兽名。

4 甘柤：传说中的木名，其枝干为红色，花为黄色，叶子白色，果实黑色。

[译文]

平丘在三棵桑树的东边。这里有千年琥珀、青鸟、视肉兽、杨柳树、甘柤树、甘华树，是各种果树生长的地方。所谓平丘，就是两座大山中间有一个山谷，山谷中有两个大山丘。这两个山丘就是平丘。

北海内有兽，其状如马，名曰騊駼。有兽焉，其名曰驳，状如白马，锯牙[1]，食虎豹。有素兽焉，状如马，

名曰蛩蛩。有青兽焉，状如虎，名曰罗罗。

[注释]

1 锯牙：像锯齿一般的锐牙。

[译文]

北海内很多怪兽。其中有一种兽，形状像马，名叫騊駼；还有一种兽，名叫駮，身形也像马，全身鬃毛是白色的，牙像锯齿，善食虎豹；还有一种白色的怪兽，外形也像马，名叫蛩蛩；还有一种青色的怪兽，身形似虎，名叫罗罗。

北方禺彊[1]，人面鸟身，珥两青蛇[2]。践两青蛇[3]。

[注释]

1 禺彊：即玄冥，神话传说中的水神和北方之神。

2 珥：贯耳，这里指穿插、悬挂。

3 践：踏，踩着。

[译文]

北方海神名叫禺彊，身形似鸟，脸似人脸，耳垂上悬挂两条青蛇，脚下也踩着两条青蛇。

雨师妾

卷九　海外东经

海外自东南陬至东北陬者。

［注释］

海外东经所记载的从东南角到东北角的国家、山川、物产如下所述。

䠣丘[1]，爰有遗玉、青马、视肉、杨桃、甘柤、甘华，百果所生。在东海，两山夹丘，上有树木。一曰嗟丘。一曰百果所在，在尧葬东。

［注释］

1 䠣jiè丘：地名。

[译文]

𪩘丘，这里有遗玉、青马、视肉兽、杨桃树、甘柤树、甘华树。结着甜美果子的树就生长在这个地方。在东海，两座山夹着𪩘丘，𪩘丘上面有树木。另一种说法认为𪩘丘也叫嗟丘。还有一种说法认为𪩘丘是各种果树生长的地方，在帝尧埋葬地的东面。

大人国在其北，为人大，坐而削船[1]。一曰在𪩘丘北。

[注释]

1 削shāo船：划船，行船。削，通“梢”，梢是长竿。

[译文]

大人国在它的北面，那里的人极为高大，坐在船上撑船。也有一种说法认为大人国在𪩘丘的北边。

奢比之尸在其北，兽身、人面、大耳，珥两青蛇[1]。一曰肝榆之尸在大人北。

[注释]

1 珥ěr：在耳朵上穿挂饰品。

[译文]

奢比尸神在大人国的北边，他长着野兽的身子、人的面孔，耳朵很大，耳朵上穿挂着两条青蛇。还有一种说法认为肝榆尸神在大人国的北边。

君子国在其北，衣冠带剑[1]，食兽，使二大虎在旁，其人好让不争。有薰华草，朝生夕死。一曰在肝榆之尸北。

[注释]

1 衣冠：这里都作动词用，即穿上衣服戴上帽子。

[译文]

君子国在奢比尸神的北边。那里的人穿衣戴帽，腰间佩剑，以兽肉为主食，左右常有两头大虎做侍从。君子国人，为人互尊互让，不相争执。那里还生长着一种叫薰华的植物，这种植物早晨生长出来，晚上就凋谢了。也有一种说法认为君子国在肝榆尸神的北面。

虹虹在其北[1]，各有两首。一曰在君子国北。

［注释］

1 蝱蝱：就是虹霓，俗称美人虹。据古人说，虹双出而颜色鲜艳的为雄，称作虹；颜色暗淡的为雌，称作霓。

［译文］

蝱蝱国在君子国的北边，各有两个头。也有一种说法认为它在君子国的北边。

朝阳之谷，神曰天吴，是为水伯。在蝱蝱北两水间。其为兽也，八首人面，八足八尾。皆青黄。

［译文］

朝阳谷有位神仙名叫天吴，他便是所谓的水伯，住在蝱蝱北面的两条河之间。天吴形状与野兽相似，长着八颗脑袋，面孔是人的面孔，有八只脚八条尾，背部长着青黄色的毛。

青丘国在其北[1]。其狐四足九尾[2]。一曰在朝阳北。

［注释］

1 青丘国：青丘国的人，以五谷杂粮为食，穿丝帛织成的衣服。

2 九尾：这种野兽，有的叫它三寿，有的叫它王寿。大禹年已三十还未娶妻，到了涂山后，怕误了结婚的时间，使国人无制度可遵循，便说："我如果娶妻，必定有吉光才好。"话刚说完，便有一匹九尾白狐走到大禹面前。大禹高兴地说："白色表示我应穿的衣服，它九条尾巴是我为王的证据。"大禹便在涂山娶妻，名叫女娇女攸。这匹九尾狐便是青丘国的神兽九尾狐。

[译文]

青丘国在朝阳谷的北边。那里有一种狐狸，长着四只脚九条尾巴。另一种说法认为青丘国在朝阳谷的北面。

帝命竖亥步[1]，自东极至于西极，五亿十选九千八百步[2]。竖亥右手把算[3]，左手指青丘北。一曰禹令竖亥。一曰五亿十万九千八百步。

[注释]

1 竖亥：传说中一个走得很快的人，为大禹的臣子。步：用脚步丈量土地。

2 选：就是万，量词。

3 算：古代计数用的筹码，长六寸。

[译文]

天帝命令竖亥用脚步测量大地的长度，结果从大地的最东端到最西端，一共是五亿十万零九千八百步。竖亥右手持算筹，左手指向青丘国的北面。也一种说法认为是大禹命令竖亥测量大地的。还有一种说法认为测量的结果是五亿十万零九千八百步。

黑齿国在其北，为人黑[1]，食稻啖蛇[2]，一赤一青，在其旁。一曰在竖亥北，为人黑首，食稻使蛇，其一蛇赤。

[注释]

1 为人黑：一本“为人黑齿”。

2 啖dàn：吃的意思。

[译文]

黑齿国在它的北边，那里的人都长着漆黑的牙齿，主食是稻米饭，以蛇为菜肴，一条红蛇和一条黑蛇围在他身旁。还有一种说法认为，黑齿国在竖亥所在地的北边，那里的人头都是黑色的，吃稻米饭，能驱使蛇，其中有一条蛇是红色的。

下有汤谷[1]。汤谷上有扶桑，十日所浴[2]，在黑齿北。居水中，有大木，九日居下枝，一日居上枝。

［注释］

1 汤谷：即旸谷。古代传说日出之处。

2 十日：十个太阳。浴：沐浴，洗澡。

［译文］

黑齿国的下边是汤谷。汤谷中有一种神树叫扶桑。这里是十个太阳洗澡的地方，在黑齿国的北面。在汤谷的大水中，有一棵特别高大的扶桑树。九个太阳落在下面树枝上，一个太阳落在上面树枝上。

雨师妾在其北，其为人黑，两手各操一蛇，左耳有青蛇，右耳有赤蛇。一曰在十日北，为人黑身人面，各操一龟。

［译文］

雨师妾国在它的北面，那里的人全身都是黑色的，左右两手各拿一条蛇，左耳挂着一条青蛇，右耳挂着一条红蛇。也有一种说法认为雨师妾国在十个太阳所在地的北边，那里的人黑色的身子，人的面孔，左右两手各握着一只龟。

玄股之国在其北。其为人衣鱼食鴎[1]，使两鸟夹之。一曰在雨师妾北。

［注释］

1 衣鱼食鴎：衣鱼，以鱼皮为衣，即穿着用鱼皮做的衣服；食鴎，即以鴎为食，鴎，即海鸥。

［译文］

玄股国在它的北边，那里的人以鱼皮做衣服，以鸥鸟为食，有两只鸟一左一右在他们的身旁听候使唤。也有一种说法认为玄股国在雨师妾国的北边。

毛民之国在其北，为人身生毛。一曰在玄股北。

［译文］

毛民国在它的北边，那里的人全身长毛。也有一种说法认为毛民国在玄股国的北边。

劳民国在其北，其为人黑。或曰教民。一曰在毛民北，为人面目手足尽黑。

[译文]

劳民国在它的北边，那里的人全身是黑色的。也有人称它为教民国。还有一种说法认为劳民国在毛民国的北边，那里的人面孔、眼睛、手脚全都是黑色的。

东方句芒[1]，鸟身人面，乘两龙。

[注释]

1 句gōu芒：传说中的木神。

[译文]

东方的木神句芒，长着鸟的身子，人的脸，驾着两条龙。

枭阳国

卷十　海内南经

海内东南陬以西者。

[译文]

海内南经所记载的东南角以西的海内南部地区的国家、山川、物产如下所述。

瓯居海中[1]。闽在海中[2]，其西北有山。一曰闽中山在海中。

[注释]

1 瓯：东瓯，古代为温州及浙江省南部沿海地区的别称。

2 闽：七闽，泛指福建省一带地区。

[译文]

海内南部地区最东端是东瓯和七闽。东瓯就是一些海岛，七闽也位于海中，七闽的西北方有座山。也有一种说法认为闽地的山矗立在海中。

三天子鄣山在闽西海北。一曰在海中。

[译文]

三天子鄣山在闽的西方，海的北方。也有一种说法认为三天子鄣山就在海中。

桂林八树在番隅东。

[译文]

番禺县往东边有一片树林。这片树林其实只是八棵巨树形成的，这就是“桂林八树”。

伯虑国、离耳国、雕题国、北朐国皆在郁水南。郁水出湘陵南海。一曰相虑。

[译文]

郁水南边有伯虑国、离耳国、雕题国、北朐国。郁水发源自湘陵，向南流入南海。也有一种说法认为伯虑国即相虑国。

枭阳国在北朐之西。其为人人面长唇，黑身有毛，反踵，见人笑亦笑；左手操管。

[译文]

枭阳国在北朐国的西面。这个国家的国民都长着人的面孔，嘴唇奇长，身体黝黑，身上长毛，脚跟朝前。见到别人笑他也笑，左手拿着一根竹管。

兕在舜葬东，湘水南。其状如牛，苍黑，一角。

[译文]

兕住在帝舜埋葬地的东面，位于湘水的南岸。兕长得像一般的牛，通身是青黑色的，长着一只角。

苍梧之山，帝舜葬于阳，帝丹朱葬于阴。

[译文]

苍梧山，帝舜葬在这座山的南面，帝丹朱葬在这座山的北面。

氾林方三百里[1]，在狌狌东。

[注释]

1 氾林：即浮在水上的森林。

[译文]

氾林方圆三百里，在猩猩栖息之地的东面。

狌狌知人名，其为兽如豕而人面，在舜葬西。

[译文]

猩猩能知道人的姓名，这种野兽外形像一般的猪，却长着人的面孔，生活在帝舜埋葬地的西面。

狌狌西北有犀牛，其状如牛而黑。

[译文]

猩猩的西北面有犀牛，它长得像一般的牛，但全身是黑色的。

夏后启之臣曰孟涂，是司神于巴。人请讼于孟涂之所，其衣有血者乃执之，是请生。居山上，在丹山西。丹山在丹阳南，丹阳居属也。

[译文]

夏朝国王启有个叫孟涂的臣子，他是主管巴地诉讼的神。巴地的人到孟涂那里请他审理案件，他把衣服上沾有血迹的人抓起来。被抓起来的人向他请求饶命。孟涂住在一座山上，这座山在丹山的西面。丹山在丹阳的南面，而丹阳是巴的属地。

窫窳龙首，居弱水中，在狌狌知人名之西，其状如貙，龙首，食人。

[译文]

窫窳长着龙一样的头，住在弱水中，位于能知道人姓名的猩猩所居之地的西面，它长得像貙，长着龙头，能吃人。

有木，其状如牛，引之有皮，若缨、黄蛇。其叶如罗[1]，其实如栾[2]，其木若苉[3]，其名曰建木。在窫窳西弱

水上。

［注释］

1 罗：捕鸟的网。

2 栾：传说中的一种树木，树根是黄色的，树枝是红色的，树叶是青色的。

3 茝：即刺榆树。

［译文］

有一种树木，长得像牛，一拉就剥落下树皮，样子像帽子上的缨带，又像黄色的蛇皮。它的叶子像罗网，果实像栾树结的果实，树干像刺榆，名字叫建木。这种建木生长在窫窳所在地之西的弱水边上。

氐人国在建木西，其为人人面而鱼身，无足。

［译文］

氐人国在建木所在地的西面，那里的人都长着人的面孔、鱼的身子，没有脚。

巴蛇食象，三岁而出其骨，君子服之，无心腹之疾。其为蛇青黄赤黑。一曰黑蛇青首，在犀牛西。

[译文]

巴蛇能吞下大象，吞吃后三年才吐出大象的骨头，有才能品德的人吃了巴蛇的肉，就不患心痛或肚子痛之类的病。这种巴蛇的颜色是青色、黄色、红色、黑色混合间杂的。也有一种说法认为巴蛇是黑色身子、青色脑袋，在犀牛所在地的西面。

旄马，其状如马，四节有毛。在巴蛇西北，高山南。

[译文]

旄马，外形长得像普通的马，但四条腿的关节上都长有毛。旄马在巴蛇所在地的西北面，一座高山的南面。

匈奴、开题之国、列人之国并在西北。

[译文]

匈奴国、开题国、列人国都在西北方。

开明兽

卷十一　海内西经

海内西南陬以北者。

贰负之臣曰危[1]，危与贰负杀窫窳[2]。帝乃梏之疏属之山[3]，桎其右足[4]，反缚两手与发，系之山上木。在开题西北[5]。

大泽方百里[6]，群鸟所生及所解[7]。在雁门北。

雁门山，雁出其间。在高柳北[8]。

高柳在代北[9]。

［注释］

1 贰负：神话传说中的天神，人面蛇身。

2 窫窳：又作“猰貐”。

3 梏：本是套在手上的刑具，这里作动词用，意为系缚。疏属之山：山名，又名雕山、彫阴山，在陕西境内。

4 桎：本是套在脚上的刑具，这里作动词用，意为锁住。

5 开题：郝懿行按："毕氏云：'开题疑即头山也。'音皆相近。"

6 方百里：百里见方。或云"方千里"，误，说见郝懿行笺疏。

7 群鸟所生及所解：郝懿行按："此地即翰海也，说见《大荒北经》。"

8 高柳：山名，在山西境内。

9 代：古州名，治所在今山西省代县。

[译文]

海内西经所记载的西南角以北的国家地区、山丘河川分别如下。

贰负神的臣子叫危，危与贰负一起杀死窫窳。天帝就把危拘留在疏属山，锁住他的右脚，反绑两手并与头发捆在一起，系缚在山上的一棵树上。这个地方在开题山的西北边。

大泽方圆百里，是群鸟繁殖及蜕换羽毛的地方。大泽位于雁门山的北边。

雁门山，雁鸟出入其间。雁门山在高柳山的北边。

高柳山在代州的北边。

后稷之葬，山水环之。在氐国西。

[译文]

后稷的埋葬之地，周围都有青山绿水环绕着它。在氐人国的西边。

流黄酆氏之国，中方三百里；有涂[1]四方，中有山。在后稷葬西。

[注释]

1 涂：通“途”，指道路。

[译文]

在后稷埋葬之地的西边便是流黄酆氏国。流黄酆氏国国土方圆三百里，东南西北四方都有道路。国内中心有一座山。流黄酆氏位于后稷埋葬之地的西面。

流沙出钟山[1]，西行又南行昆仑之墟，西南入海，黑水之山。

[注释]

1 流沙：水名，即流沙河。

[译文]

流沙河发源自钟山，向西流再转向南流经昆仑山，然后向西南流入西海，最终流至黑水山。

东胡在大泽东。

[译文]

东胡国在大泽的东边。

夷人在东胡东。

[译文]

东胡国的东边便是夷人国。

貊国在汉水东北。地近于燕，灭之。

[译文]

貊国在汉水的东北边，与燕国毗邻，后被燕国灭亡。

孟鸟在貊国东北。其鸟文赤、黄、青，东乡[1]。

[注释]

1 乡：通“向”。

[译文]

貊国的东北边栖息着一种鸟，名叫孟鸟。它的羽毛是彩色的，嵌有红色、黄色和青色的花纹。任何时候它们都面向东方。

海内昆仑之墟，在西北，帝之下都[1]。昆仑之墟，方八百里，高万仞。上有木禾[2]，长五寻[3]，大五围[4]。面有九井，以玉为槛[5]。面有九门，门有开明兽守之[6]，百神之所在。在八隅之岩，赤水之际，非仁羿莫能上冈之岩。

[注释]

1 下都：神话传说中称天帝在地上所住的都邑。

2 木禾：传说中一种高大的谷类植物。

3 寻：中国古代的一种长度单位，八尺为寻。

4 围：量词，两臂合抱的圆周长。

5 槛：栏杆。也指井栏。

6 开明兽：传说中的神兽名。

[译文]

昆仑山在海内的西北方，那里是天帝在下界的都邑。昆仑山方圆八百里，高达万仞。昆仑山上生长着一种植物，名叫木禾，高约五寻，粗细需五人合抱。昆仑山的四面，每面都有九口用玉石围栏的井。每面还有九扇门，门由开明神把守。而众神则把守着昆仑山的各方悬崖和山脚赤水岸边。由此可见这座山山势陡峭，没有后羿那样的本领是攀不上去的。

赤水出东南隅，以行其东北，西南流注南海厌火东。

[译文]

赤水从昆仑山的东南角发源，流到昆仑山的东北方，再转向西南，流回来灌注在南海厌火国的东边。

河水出东北隅，以行其北，西南又入渤海，又出海外，即西而北，入禹所导积石山。

[译文]

黄河水从昆仑山的东北角发源，然后流到昆仑山的北面，再折向西南流入渤海，然后流出海外，就此向西而后向北流，一直流入大禹曾疏导过的积石山。

洋水、黑水出西北隅，以东，东行，又东北，南入海，羽民南。

[译文]

洋水、黑水从昆仑山的西北角发源，然后折向东方，朝东流去，再折向东北方，又朝南流入大海，直到羽民国的南面。

弱水、青水出西南隅，以东，又北，又西南，过毕方鸟东。

[译文]

弱水、青水从昆仑山的西南角发源，然后折向东方，朝北流去，再折向西南方，又流经毕方鸟所在地的东面。

昆仑南渊深三百仞。开明兽身大类虎而九首，皆人面，东向立昆仑上。

[译文]

昆仑山的南面有一个深三百仞的渊潭。开明神兽的身子大小像老虎，却长着九个脑袋，九个脑袋都是人一样的面孔，朝东立在昆仑山顶。

开明西有凤皇、鸾鸟，皆戴蛇践蛇，膺有赤蛇。

[译文]

开明神兽所在之地的西面有凤凰、鸾鸟栖息，都各自缠绕着蛇，踩踏着蛇，胸前还有红色的蛇。

开明北有视肉、珠树、文玉树、玗琪树、不死树[1]。凤皇、鸾鸟皆戴瞂[2]。又有离朱、木禾、柏树、甘水、圣木曼兑[3]，一曰挺木牙交。

[注释]

1 珠树：神话传说中生长珍珠的树。文玉树：神话传说中生长五彩美玉的树。玗琪树：神话传说中生长红色玉石的树。不死树：神话传说中一种长生不死的树，人食用它也可长寿不老。

2 瞂：盾。

3 离朱：即太阳里的踆乌，也叫三足乌。甘水：即古人所谓的醴泉，甜美的泉水。圣木曼兑：一种叫作曼兑的圣树，食用它可使人圣明智慧。

[译文]

开明神兽的北面有视肉怪兽、珠树、文玉树、玗琪树、不死树，那里的凤凰、鸾鸟都戴着盾牌，还有三足乌，像树似的稻谷、柏树、甘水、圣木曼兑。也有一种说法认为圣木曼兑叫挺木牙交。

开明东有巫彭、巫抵、巫阳、巫履、巫凡、巫相，夹窫窳之尸，皆操不死之药以距之[1]。窫窳者，蛇身人面，贰负臣所杀也。

[注释]

1 距：通“拒”，抗拒。

[译文]

开明神兽的东面有巫师神医巫彭、巫抵、巫阳、巫履、巫凡、巫相，他们围在窫窳的尸体周围，都手捧不死药来抵抗死气，试图令他复活。这位窫窳，长着蛇的身子、人的面孔，是被贰负和他的臣子危合伙杀死的。

服常树，其上有三头人，伺琅玕树[1]。

[注释]

1 琅玕树：传说这种树上结出的果实就是珠玉。

[译文]

有一种服常树，它上面有个长着三颗头的人，静静伺察着在附近生长的琅玕树。

开明南有树鸟，六首；蛟[1]、蝮[2]、蛇、蜼、豹、鸟秩树，于表池树木，诵鸟、鶽、视肉。

[注释]

1 蛟：像蛇的样子，但有四只脚，属于龙一类。

2 蝮：大蛇。

[译文]

开明神兽的南面有种树鸟，长着六个脑袋；那里还有蛟龙、蝮、蛇、长尾猿、豹子、鸟秩树，在水池四周环绕着树木而显得华美；那里还有诵鸟、鶽鸟、视肉怪兽。

袜

卷十二　海内北经

海内西北陬以东者。

［译文］

海内北经所记载的自西北角以东的海内北部地区的国家地区、山丘河川分别如下。

蛇巫之山，上有人操柸而东向立。一曰龟山。

［译文］

有座山名叫蛇巫山。山上有个人总是手持杯子，面向东方站在那里。也有一种说法认为蛇巫山叫龟山。

西王母梯几而戴胜杖[1]。其南有三青鸟，为西王母取食。在昆仑虚北。

[注释]

1 梯：倚靠，凭靠。几：古人席地而坐时有靠背的坐具。胜：玉胜，玉制的发饰。

[译文]

西王母倚靠着桌几，头上戴着玉胜。西王母的南边有三只青鸟，专门为西王母寻找食物。西王母和三青鸟的所在地是在昆仑山的北面。

有人曰大行伯，把戈。其东有犬封国。贰负之尸在大行伯东。

[译文]

有个神人名叫大行伯，手中握着长戈，他的东边便是犬封国。天神贰负的尸体在大行伯的东面。

犬封国曰犬戎国，状如犬。有一女子，方跪进柸食。有文马，缟身朱鬣，目若黄金，名曰吉量，乘之寿千岁。

[译文]

犬封国又叫犬戎国，那里的人样貌像狗。犬封国有一女子，正跪着手捧杯子向丈夫进献酒食。犬封国有一种纹马，纯白的身子，红色的鬃毛，眼睛里放出金色的光芒，名叫吉量，骑上它可以长寿千岁。

鬼国在贰负之尸北，为物人面而一目。一曰贰负神在其东，为物人面蛇身。

[译文]

鬼国在贰负尸的北边，那里的人长着人的脸，脸的中间有一只眼睛。也有一种说法认为贰负神在鬼国的东面，鬼国人长着人的脸、蛇的身子。

蜪犬如犬，青，食人从首始。

[译文]

蜪犬长得像狗，浑身青毛，能吃人，吃人的时候从头开始吃。

穷奇状如虎，有翼，食人从首始，所食被发。在蜪犬北。一曰从足。

[译文]

穷奇的样子长得像虎，有翅膀，能吃人，吃人时从头开始，被吃的人披散着头发。穷奇在蜪犬的北边。也有一说法认为它吃人是从脚部开始吃。

帝尧台、帝喾台、帝丹朱台、帝舜台，各二台，台四方，在昆仑东北。

[译文]

帝尧台、帝喾台、帝丹朱台、帝舜台，各自有两座台，每座台都呈四方形，在昆仑山的东北面。

大蜂，其状如螽[1]；朱蛾，其状如蛾[2]。

[注释]

1 螽：螽斯，绿色或褐色昆虫，善跳跃，吃农作物。雄的前翅有发声器，颤动翅膀能发声。

2 蛾：即蚍蜉，蚂蚁。

[译文]

有一种巨蜂，形状与螽斯相似。还有一种红色的大蚂蚁，形状与蛾子相似。

蟜，其为人虎文，胫有䏿[1]。在穷奇东。一曰状如人，昆仑墟北所有。

[注释]

1 䏿：小腿肚子。

[译文]

蟜，身形似人，但全身长着虎斑一样的花纹，小腿肚子非常强健。也有一种说法认为蟜的长相似人，生活在昆仑山的北边。

阘非，人面而兽身，青色。

[译文]

阘非，长着人的面孔，却是兽的身子，全身是青色。

据比之尸，其为人折颈被发，无一手。

[译文]

天神据比的尸首，样子是折断了脖子且披散着头发，没了一只手。

环狗，其为人兽首人身。一曰猬状如狗，黄色。

[译文]

环狗，这种人是野兽的脑袋、人的身子。另一种说法认为环狗是刺猬的样子而又像狗，全身是黄色的。

袜[1]，其为物人身、黑首、从目[2]。

[注释]

1 袜：即魅，古人认为物老则成魅。就是现在所说的鬼魅、精怪。

2 从：通“纵”。

[译文]

袜，这种怪物长着人的身子、黑色的脑袋、竖立的眼睛。

戎，其为人人首三角。

[译文]

戎族中人，长着人的头，头上有三只角。

林氏国有珍兽，大若虎。五采毕具，尾长于身，名曰驺吾，乘之日行千里。

[译文]

林氏国有一种珍奇的野兽，大小与老虎差不多，身上有五种颜色的斑纹，尾巴比身子长，名称是驺吾，骑上它可以日行千里。

昆仑虚南所，有氾林方三百里[1]。

[注释]

1 氾林：即上文所说的范林、泛林。意为树木茂密丛生的树林。

[译文]

昆仑山南面的地方，有一片方圆三百里的氾林。

从极之渊，深三百仞[1]，维冰夷恒都焉[2]。冰夷人面，乘两龙。一曰忠极之渊。

[注释]

1 仞：古代的长度单位，周制八尺为一仞，汉制七尺为一仞。

2 维：通“惟”“唯”。独，只有。冰夷：也叫冯píng夷、无夷，即河伯，传说中的水神。

[译文]

从极渊有三百仞深，只有冰夷神常常住在这里。冰夷神长着人的面孔，乘着两条龙。也有一种说法认为从极渊叫忠极渊。

相关传说如下：

从极渊深三百丈，只有水神河伯盘踞在那里。河伯长着人头鱼身，乘两条龙。河伯是古代黄河水神，而且是一个浪荡风流的神。一次，河伯变成一条白龙，游于水旁，羿见了，射中了河伯的左眼。河伯向天帝上诉，说：“请为臣杀掉羿。”天帝便问道：“你为什么会被他射中呢？”河伯回答说：“我当时变为白龙出去游玩，被他看见了。”天帝说：“假设你深守在水宫之中，羿如何能射你？现在你浮出水面来，如同虫兽一样，被他射中，羿有什么罪？”原来河伯专在河里溺杀过河的人，所以羿才会射中他的左眼。

阳汙之山，河出其中；凌门之山，河出其中。

[译文]

阳汙山，黄河的一条支流从这座山中发源；凌门山，黄河的另一条支流从这座山中发源。

王子夜之尸，两手、两股、胸、首、齿，皆断异处。

[译文]

王子夜的尸体，两只手、两条腿、胸脯、脑袋、牙齿，都被斩断而分散在不同地方。

舜妻登比氏生宵明、烛光，处河大泽，二女之灵能照此所方百里。一曰登北氏。

[译文]

帝舜的妻子登比氏生了宵明、烛光两个女儿，她们住在黄河边上的大泽中，两位神女的灵光能照亮这里方圆百里的地方。也一种说法认为帝舜的妻子叫登北氏。

盖国在钜燕南[1]，倭北。倭属燕。

[注释]

1 钜：通“巨”，大。

[译文]

盖国在大燕国的南面，倭国的北面。倭国隶属于燕国。

朝鲜在列阳东，海北山南。列阳属燕。

[译文]

朝鲜在列阳的东面，北面有大海，南面有高山。列阳隶属于燕国。

列姑射在海河洲中[1]。

[注释]

1 河洲：据古人说是黄河流入海中形成的小块陆地。

[译文]

列姑射在黄河入海口的一块小洲上。

姑射国在海中，属列姑射。西南，山环之。

[译文]

姑射国在海中，隶属于列姑射。姑射国的西南部，有高山环绕。

大蟹在海中[1]。

[注释]

1 大蟹：据古人说是一种方圆千里大小的蟹。

[译文]

大蟹生活在海里。

陵鱼人面[1]，手足，鱼身，在海中。

[注释]

1 陵鱼：即上文所说的人鱼、鲵鱼，俗称娃娃鱼。

[译文]

陵鱼长着人的面孔，有手有脚，却是鱼的身子，生活在海里。

大鯾居海中[1]。

[注释]

1 鯾：同“鳊”，即鲂鱼，体侧扁，背部特别隆起，略呈菱形，像现在所说的武昌鱼，肉味鲜美。

[译文]

大鯾鱼生活在海里。

明组邑居海中[1]。

[注释]

1 明组邑：可能是生活在海岛上的一个部落。邑即邑落，指人所聚居的部落、村落。

[译文]

明组邑生活在海岛上。

蓬莱山在海中[1]。

[注释]

1 蓬莱山：传说中的仙山。

[译文]

蓬莱山屹立在海中。

大人之市在海中。

[译文]

大人贸易的集市也在海中。

雷神

卷十三　海内东经

海内东北陬以南者。

［译文］

海内东经所记载的由东北角向南的国家地区、山丘河川依次如下。

钜燕在东北陬。

［译文］

大燕国在海内的东北角。

国在流沙中者埻端、玺㬰，在昆仑虚东南。一曰海内之郡，不为郡县，在流沙中。

[译文]

在流沙中的国家有埻端国、玺㬰国，二者都在昆仑山的东南面。也一种说法认为埻端国和玺㬰国是在海内建置的郡，不把它们称为郡县，是因为处在流沙中的缘故。

国在流沙外者，大夏、竖沙、居繇、月支之国。

[译文]

在流沙以外有四个国家：大夏国、竖沙国、居繇国、月支国。

西胡白玉山在大夏东，苍梧在白玉山西南，皆在流沙西，昆仑虚东南。昆仑山在西胡西。皆在西北。

[译文]

西域有一座山，名叫白玉山。这座山在大夏国的东边。白玉山的西南就是苍梧国。白玉山、苍梧国都在流沙的西边、昆仑山的东南边。昆仑山位于西域的西部。西域在海内的西北部。

雷泽中有雷神[1]，龙身而人头，鼓其腹[2]。在吴西。

［注释］

1 雷泽：亦作“靳泽”，古泽名，神话传说中雷神的居处。雷神：神话中主管打雷的神。俗称雷公。

2 鼓：鼓动，拍打。

［译文］

雷泽中住着一位雷神。雷神身形似龙，脑袋似人。他只要一拍肚子，便会发出震耳欲聋的雷声。雷泽位于吴地的西面。

都州在海中。一曰郁州。

［译文］

海中有个小岛，名叫都州。也有一种说法认为都州应为郁州。

琅邪台在渤海间[1]，琅邪之东。其北有山。一曰在海间。

[注释]

1 琅láng邪yá台：有说法认为琅邪台是今天山东境内的一座山，只不过形状像座高台，所以被称为琅邪台。还有一种说法认为琅邪台指春秋末年越王勾践修筑的琅邪台，用来观望东海。

[译文]

琅邪山位于渤海与海岸之间，在琅邪台的东面。琅邪台的北面有座山。也有一种说法认为琅邪山在海中。

韩雁在海中，都州南。

[译文]

韩雁在海中，而且在都州的南面。

始鸠在海中，韩雁南。

[译文]

始鸠在海中，而且在韩雁的南面。

会稽山在大楚南。

[译文]

会稽山在大楚国的南面。

岷三江：首大江出汶山，北江出曼山，南江出高山。高山在（城）[成]都西，入海，在长州南。

[译文]

从岷山中流出三条江水：其一是长江从汶山流出，其二是北江从曼山流出，其三是南江从高山流出。高山坐落在成都的西面。三条江水最终注入大海，入海处在长州的南面。

浙江出三天子都，在（其）[蛮]东。在闽西北，入海，余暨南。

[译文]

浙江从三天子都山发源，三天子都山在蛮地的东面，闽地的西北面，浙江最终注入大海，入海处在余暨的南边。

庐江出三天子都，入江，彭泽西。一曰天子鄣。

[译文]

庐江也从三天子都山发源，注入长江，入江处在彭泽的西面。也有一种说法认为在天子鄣。

淮水出余山，余山在朝阳东，义乡西。入海，淮浦北。

[译文]

淮水从余山发源，余山坐落在朝阳的东面，义乡的西面。淮水最终注入大海，入海处在淮浦的北面。

湘水出舜葬东南陬，西环之。入洞庭下。一曰东南西泽。

[译文]

湘水从帝舜埋葬之地的东南角发源，然后向西环绕流去。湘水最终注入洞庭湖下游。也一种说法认为注入东南方的西泽。

汉水出鲋鱼之山，帝颛顼葬于阳，九嫔葬于阴，四蛇卫之。

[译文]

汉水从鲋鱼山发源，帝颛顼埋葬在鲋鱼山的南面，帝颛项的九个嫔妃埋葬在鲋鱼山的北面，有四条巨蛇护卫着它。

濛水出汉阳西[1]，入江，聂阳西[2]。

[注释]

1 濛水：北魏 · 郦道元《水经注 · 江水一》：“（南安）县（注：今夹江县）南有峨眉山，有濛水，即大渡水也。水发濛溪，东南流与俄水合。……大渡水又东入江，故《山海经》曰：‘濛水出汉阳西，入江，聂阳西。’”据此濛水当在四川。

2 聂阳：北魏 · 郦道元《水经注 · 江水一》：“大渡水又东入江，故《山海经》曰：‘濛水出汉阳西，入江，聂阳西。’”今聂水在湖北省。聂阳，在湖北省黄陂县。

[译文]

濛水从汉阳西面发源，最终注入长江，入江处在聂阳的西面。

温水出崆峒[1]，（崆峒）山在临汾南，入河，华阳北。

［注释］

1 温水：郭璞云："水常温也。"据经文，温水当在今山西省临汾市附近。

［译文］

温水从崆峒山发源，崆峒山坐落在临汾南面，温水最终注入黄河，入河处在华阳的北面。

颍水出少室[1]，少室山在雍氏南，入淮西鄢北。一曰缑氏。

［注释］

1 颍水：颍河。淮河最大支流。在安徽省西北部及河南省东部。源出河南省登封县嵩山西南，东南流到周口市，纳沙河、贾鲁河，至安徽省寿县正阳关入淮河。少室：中岳嵩山西峰名少室，东峰名泰室（太室），两峰相距十五里。在河南省登封县西北。

［译文］

颍水从少室山发源，少室山坐落在雍氏的南面，颍水最终在西鄢的北边注入淮水。也有一种说法认为在缑氏注入淮水。

汝水出天息山[1]，在梁勉乡西南，入淮极西北。一曰淮在期思北。

[注释]

1 汝水：古水名。上游即今河南北汝河；自偃城以下，故道南流至西平县东汇wǔ水（今洪河），又南经上蔡县西至遂平县东汇qìn水（今沙河）；此下即今南汝河及新蔡以下的洪河。元至正（1341–1368）年间于偃城堨è断南流，上游遂改道东出yīn水（今沙河）入颍河，称北汝，下游改以水为源，名南汝。明嘉靖末年水又改道东出注滍水称为洪河，南汝遂改以水为源，如今势。

[译文]

汝水从天息山发源，天息山坐落在梁勉乡的西南，汝水最终在淮极的西北注入淮水。也有一种说法认为入淮处在期思的北面。

泾水出长城北山[1]，山在郁郅、长垣北，［北］入渭，戏北[2]。

[注释]

1 泾水：泾河。渭河支流。在陕西省中部。源出宁夏回族自治区南部六盘山东麓。东南流经甘肃省，到陕西省高陵县境入渭河。

2 戏：戏水。在陕西省临潼东。源出骊山，北流经古戏亭东，又北入渭。《史记·秦始皇本纪》：“（秦二世）二年冬，陈涉所遣周章等将，西至戏，兵数十万。”戏亭在临潼东北。戏水西岸。又名幽王城、幽王垒。相传周幽王为博褒姒一笑而举烽火戏弄诸侯，后被犬戎击败，死于此。《国语·鲁语》：“幽（周幽王）灭于戏。”

[译文]

泾水从长城的北山发源，北山坐落在郁郅、长垣的北面，泾水最后流入渭水，入渭处在戏的北面。

渭水出鸟鼠同穴山[1]，东注河，入华阴北。

[注释]

1 渭水：渭河。黄河最大的支流。在陕西省中部。源出甘肃省渭源县鸟鼠山，东流横贯陕西省渭河平原，在潼关县入黄河。

[译文]

渭水从鸟鼠同穴山发源，向东流入黄河，入河处在华阴的北面。

白水出蜀[1]，而东南注江，入江州城下。

［注释］

1 白水：白水江。源出今四川松潘东北，屈曲东南流，经甘肃文县，东南流至碧口西北与白龙江汇合，又东南流至四川广元西南入嘉陵江，嘉陵江南流至重庆市入长江。重庆市古称江州。

［译文］

白水从蜀地流出，然后向东南流而注入长江，入江处在江州城下。

沅水（山）出象郡镡城西[1]，（入）东注江，入下隽西，合洞庭中。

［注释］

1 沅水：沅江。在湖南省西部。上游称清水江，源出贵州省东南云雾山，自湖南省黔阳县黔城镇以下始名沅江。东北流经辰溪、沅陵、常德等市县，到汉寿县入洞庭湖。

[译文]

沅水从象郡镡城的西面发源，向东流而注入长江，入江处在下㑳的西面，最后汇入洞庭湖中。

赣水出聂都东山，东北注江，入彭泽西。

[译文]

赣水发源于聂都东面的山中，向东北流而注入长江，入江处在彭泽的西面。

泗水出吴（鲁）东北，而南，西南过湖陵西，而东南注东海，入淮阴北。

[译文]

泗水发源于吴（鲁）地的东北方，而后向南流，再向西南流经湖陵的西面，然后转向东南而流入东海，入海处在淮阴的北面。

郁水出象郡，而西南注南海，入须陵东南。

[译文]

郁水发源于象郡，然后向西南流而注入南海，入海处在须陵的东南面。

肄水出临晋西南，而东南注海，入番禺西。

[译文]

肄水发源于临晋的西南方，然后向东南流而注入大海，入海处在番禺的西面。

潢水出桂阳西北山，东南注肄水，入敦浦西。

[译文]

潢水从桂阳西北的山中发源，向东南流而注入肄水，入肄处在敦浦的西面。

洛水出洛西山，东北注河，入成皋之西。

[译文]

洛水发源于上洛西边的山中，流向东北方向，注入黄河，入河处在成皋的西边。

汾水出上窳北，而西南注河，入皮氏南。

[译文]

汾水发源于上窳的北面，流向西南方向，注入黄河，入河处在皮氏的南面。

沁水出井陉山东，东南注河，入怀东南。

[译文]

沁水发源于井陉山的东面，流向东南方，注入黄河，入河处在怀的东南面。

济水出共山南东丘[1]，绝钜鹿泽[2]，注渤海，入齐琅槐东北[3]。

[注释]

1 济水：古四渎之一。

2 钜鹿：当为钜野，即巨野泽。古泽薮名。在今山东省巨野县北。

3 琅槐：西汉县名。在今山东省广饶县东北。

[译文]

济水从共山南面的东丘发源，流经巨野泽，最终注入渤海，入海处在齐地琅槐的东北面。

潦水出卫皋东，东南注渤海，入潦阳。

［注释］

潦水发源于卫皋的东面，向东南流而注入渤海，入海处在潦阳。

虖沱水出晋阳城南，而西至阳曲北，而东注渤海，入越章武北。

［译文］

虖沱水发源于晋阳城南，而后向西流经阳曲的北面，向东方流而注入渤海，入海处在章武的北面。

漳水出山阳东，东注渤海，入章武南。

［译文］

漳水发源于山阳的东面，向东方流而注入渤海，入海处在章武的南面。

夔

卷十四　大荒东经

东海之外有大壑[1]，少昊之国[2]。少昊孺帝颛顼于此[3]，弃其琴瑟[4]。

［注释］

1 壑：坑谷，深沟。

2 少昊：传说中的上古帝王，名叫挚，以金德王，所以号称金天氏。

3 孺：通“乳”，用乳汁喂养。这里是抚育、养育的意思。颛顼：传说中的上古帝王，号称高阳氏，是黄帝的后代。

4 琴瑟：古时两种拨弦乐器。

[译文]

东海之外有条大峡谷，少昊国在这里建国。少昊曾在这里养育帝颛顼，并把他孩童时玩耍过的琴瑟丢弃在沟壑里。

有甘山者，甘水出焉，生甘渊[1]。

[注释]

1 渊：水流汇积就成为深渊。

[译文]

此地有座甘山，是甘水的发源地，甘水流出山后形成一个大渊，叫甘渊。

大荒东南隅有山，名皮母地丘。

[译文]

最荒远之地的东南角有座大山，名叫皮母地丘山。

东海之外，大荒之中，有山名曰大言，日月所出。

[译文]

在东海之外，最荒远之地，有座山名叫大言山，此山是日月升起的地方。

有波谷山者，有大人之国。有大人之市，名曰大人之堂。有一大人踆其上[1]，张其两臂。

［注释］

1 踆：“蹲”的古字。

［译文］

有一座波谷山，这里是大人国所处之地。大人国中有一个大人们贸易的集市，名叫大人之堂。有一个大人正蹲在山上，张开双臂。

有小人国，名靖人。

［译文］

有一个小人国，那里的人被叫作靖人。

有神，人面兽身，名曰犁䰱之尸[1]。

［注释］

1 犁䰱líng之尸：古尸。

[译文]

有一个神，他长着人的面孔、野兽的身子，叫作犁䰠尸。

有潏山[1]，杨水出焉。

[注释]

1 潏jué山：山名。

[译文]

有一座潏山，杨水就从这座山中发源。

有蒍国[1]，黍食[2]，使四鸟[3]：虎、豹、熊、罴。

[注释]

1 蒍wěi国：古国名。

2 黍shǔ：一种黏性谷米，北方称作黄米。

3 鸟：这里实指兽，上古鸟兽统名。

[译文]

有一个蒍国，那里的人以黄米为食物，能够驯化并驱使老虎、豹子、熊、罴这四种野兽。

大荒之中，有山名曰合虚，日月所出。

[译文]

在最荒远之地，有座合虚山，是太阳和月亮升起的地方。

有中容之国。帝俊生中容，中容人食兽、木实，使四鸟：豹、虎、熊、罴。

[译文]

有一个国家叫中容国。帝俊的后代叫中容，中容国的人以野兽的肉和果树的果实为食，能驯化并驱使豹子、老虎、熊、罴这四种野兽。

有东口之山。有君子之国，其人衣冠带剑。

[译文]

有一座东口山。山中有一个君子国，那里的人穿衣戴帽，腰间佩剑。

有司幽之国。帝俊生晏龙，晏龙生司幽，司幽生思士，不妻；思女，不夫。食黍，食兽，是使四鸟。

[译文]

有一个司幽国。帝俊生了晏龙，晏龙生了司幽，司幽生了思士，思士没有娶妻；司幽还生了思女，思女一生未嫁。司幽国的人以黄米饭和野兽的肉为食，能驯化驱使四种野兽。

有大阿之山者。

[译文]

有一座山叫大阿山。

大荒之中，有山名曰明星，日月所出。

[译文]

在最荒远之地有一座山，叫明星山，是太阳和月亮升起的地方。

有白民之国。帝俊生帝鸿，帝鸿生白民，白民销姓，黍食，使四鸟：虎、豹、熊、罴。

[译文]

有一个国家叫白民国。帝俊生了帝鸿，帝鸿的后代是白民，白民国的人以销为姓，以黄米为主食，能驯化并驱使四种野兽：豹子、老虎、熊、罴。

有青丘之国，有狐，九尾。

［译文］

有一个国家叫青丘国。青丘国有一种狐狸，长着九条尾巴。

有柔仆民，是维嬴土之国[1]。

［注释］

1 维：句中的语气助词。

［译文］

有一群人被称作柔仆民，他们所在的国家国土很肥沃。

有黑齿之国。帝俊生黑齿，姜姓，黍食，使四鸟。

［译文］

有一个国家叫黑齿国。帝俊的后代是黑齿，姓姜，那里的人以黄米为主食，能驯化并驱使四种野兽。

有夏州之国。有盖余之国。

[译文]

有一个国家叫夏州国。在夏州国附近还有一个盖余国。

有神人，八首人面，虎身十尾，名曰天吴。

[译文]

有个神人，长着八个脑袋而且都是人的面孔，老虎身子，十条尾巴，名叫天吴。

大荒之中，有山名曰鞠陵于天、东极、离瞀，日月所出。［有神］名曰折丹——东方曰折，来风曰俊——处东极以出入风。

[译文]

在最荒远之地，有三座高山分别叫作鞠陵于天山、东极山和离瞀山，都是太阳和月亮升起的地方。有位神名叫折丹——东方人单称他为折，从东方吹来的风称作俊——折丹神就处在大地的最东边，掌管风起风停。

东海之渚中[1]有神，人面鸟身，珥两黄蛇，践两黄

蛇，名曰禺虢。黄帝生禺虢，禺虢生禺京。禺京处北海，禺虢处东海，是惟海神。

［注释］

1 渚：水中的小块陆地。

［译文］

东海中的一个小岛上有一尊神，人面鸟身，两耳垂上各穿有一条黄蛇，两脚下也各踩着一条黄蛇。这尊神名叫禺虢。禺虢是黄帝的儿子，禺虢的儿子名叫禺京。禺虢和禺京都是海神，禺京住北海，禺虢住东海。

有招摇山，融水出焉。有国曰玄股，黍食，使四鸟。

［译文］

有一座招摇山，是融水的发源地。那里有一个国家，名叫玄股国。玄股国的人以黄米为主食，善于驱使虎、豹、熊、罴四种野兽。

有困民国，勾姓而食。有人曰王亥，两手操鸟，方食其头。王亥托于有易，河伯仆牛[1]。有易杀王亥取仆

牛，河念有易，有易潜出，为国于兽，方食之，名曰摇民。帝舜生戏，戏生摇民。

［注释］

1 有易：古部落名，在黄河之北或易水附近。仆：通“朴”，大。

［译文］

有一个困民国。困民国的人以勾为姓，以黄米为主食。困民国的王亥，两手正拿着一只鸟，将要吃它的头。当初王亥曾把自己放牧的牛托付给有易族人、水神河伯那里，没想到被有易族人杀害，并夺去牛（后来王亥的儿子上甲微复仇，杀死仇人）。河伯念与有易国的交情，帮助有易族人悄悄逃走，到猛兽出没的地方居住，以食兽为生，并建立了一个国家。这就是摇民国。还有人说，帝舜生了戏，戏又生了摇民。

海内有两人，名曰女丑。女丑有大蟹。

［译文］

海内有两位神人，其中一位名叫女丑。身边有一只大螃蟹。

大荒之中，有山名曰孽摇頵羝。上有扶木，柱三百里[1]，其叶如芥[2]。有谷曰温源谷。汤谷上有扶木，一日方至，一日方出，皆载于乌。

［注释］

1 柱：像柱子般直立的树干。

2 芥：即芥菜，种子黄色，味辛辣，可粉碎作调味用。

［译文］

在最荒远之地有座山名叫孽摇頵羝山，山上有一种树，名叫扶木，树干高三百里，树叶似芥菜。山中有一道山谷，名叫温源谷，又叫汤谷。汤谷上也生长着扶木。这里是太阳升起的地方，一个太阳刚刚返回，另一个太阳马上升起，这些太阳都是由三足乌驮着的。

有神，人面、犬耳、兽身，珥两青蛇，名曰奢比尸。

［译文］

有一位神人，身形似兽，面孔似人，耳朵似狗，两耳垂各穿着一条青蛇。这个神名叫奢比尸。

有五采之鸟[1]，相乡弃沙[2]。惟帝俊下友[3]。帝下两坛，采鸟是司。

[注释]

1 五采之鸟：即五彩鸟，属鸾鸟、凤凰之类。采，通“彩”，彩色。

2 乡：通“向”。弃沙：不详何意。有些学者认为“弃沙”二字是“媻娑”二字的讹误。而媻娑的意思是盘旋而舞的样子。

3 惟：句首语助词，无意。

[译文]

有一种五彩羽毛的神鸟，常常相向婆娑起舞。这些鸟是帝俊在下界的朋友，帝俊在下界有两座祭坛，由五彩鸟掌管。

大荒之中，有山名曰猗天苏门，日月所生。

[译文]

在最荒远之地，有座山名为猗天苏门，是太阳和月亮升起的地方。

有壎民之国。有綦山。又有摇山。有䰝山。又有门户山。又有盛山。又有待山。有五采之鸟。

[译文]

那里有一个壎民国。有座綦山、有座摇山、有座䰝山、有座门户山、有座盛山、有座待山，还有五彩鸟。

东荒之中，有山名曰壑明俊疾，日月所出。有中容之国。

[译文]

在东方的是荒远之地，有一座壑明俊疾山，是太阳和月亮升起的地方。那里有个中容国。

东北海外，又有三青马、三骓[1]、甘华。爰有遗玉、三青鸟、三骓、视肉、甘华、甘柤。百谷所在[2]。

[注释]

1 骓：马的毛色青白间杂。

2 百谷：泛指各种农作物。百，表示多的意思，不是实指。

[译文]

在东北方向的海外，有青色的神兽三青马，赤色的三骓马、甘华。那里还有玉石、三青鸟、三骓马视肉、甘华和甘柤，是五谷生长繁茂的地方。

有女和月母之国。有人名曰鹓，北方曰鳧，来之风曰狻，是处东极隅以止日月[1]，使无相间出没[2]，司其短长。

[注释]

1 止：这里是控制的意思。

2 间：这里是错乱、杂乱的意思。

[译文]

有一个女和月母国，国中有个人名叫鹓，北方的人叫他鳧，从那里吹来的风叫狻。他处在大地的东北角以便控制太阳和月亮，使太阳和月亮不要交相错乱地出没，掌管它们升起落下时间的长短。

大荒东北隅中，有山名曰凶犁土丘。应龙处南极[1]，杀蚩尤与夸父[2]，不得复上，故下数旱。旱而为应龙之状，乃得大雨。

［注释］

1 应龙：传说中的一种生有翅膀的龙。

2 蚩尤：神话传说中的东方九黎族首领，以金做兵器，能唤云呼雨。

［译文］

在最荒远之地的东北角，有一座山名叫凶犁土丘山。应龙就住在这座山的最南端，因杀了神人蚩尤和神人夸父，不能再回到天上，天上因没了兴云布雨的应龙而使下界常常闹旱灾。下界的人们一遇天旱就装扮成应龙的样子求雨，天上就会降雨。

东海中有流波山，入海七千里。其上有兽，状如牛，苍身而无角，一足，出入水则必风雨，其光如日月，其声如雷，其名曰夔。黄帝得之，以其皮为鼓，橛以雷兽之骨[1]，声闻五百里，以威天下。

［注释］

1 橛：通“撅”，敲，击打。

［译文］

东海当中有座流波山，这座山距离东海海岸有七千里远。山上有一种野兽，长得像普通的牛，青苍色的身子却没有犄角，仅有一只蹄子，出入海水时一定有大风大雨相伴随，它发出的亮光如同太阳和月亮，吼叫的声音如同雷响，它的名字叫夔。黄帝得到它，便用它的皮蒙鼓，再拿雷兽的骨头敲打这鼓，使五百里以内的人都听见发出的响声，用来威服天下。

跊踢

卷十五　大荒南经

南海之外，赤水之西，流沙之东，有兽，左右有首，名曰𧇊踢[1]。有三青兽相并，名曰双双。

［注释］

1 𧇊chù踢：传说中的怪兽名。

［译文］

在南海之外，赤水的西边，流沙以东，有一种野兽，这种野兽左右两边各有一个头，它的名字叫𧇊踢。还有一种三只青色的野兽合并在一起的动物，名字叫双双。

有阿山者。南海之中，有氾天之山，赤水穷焉。赤

水之东有苍梧之野，舜与叔均之所葬也[1]。爰有文贝，离俞[2]、鴟久、鹰、贾[3]、委维[4]、熊、罴、象、虎、豹，狼、视肉。

［注释］

1 叔均：传说为后稷弟弟的儿子，他继承父辈的事业，播种百谷，并开始用牛耕地。

2 离俞：传说中的神禽。

3 贾：贾鸟，属于鹰类。

4 委维：神话传说中的蛇。

［译文］

南海中有座阿山。还有一座汜天山，位于赤水的尽头。赤水的东岸有个地方叫苍梧野，帝舜和叔均就葬在那里。苍梧野还有紫贝、离朱鸟、鹞鹰、鹰、贾鸟、委蛇、熊、罴、象、虎、豹、狼、视肉等野兽。

有荣山、荣水出焉。黑水之南，有玄蛇，食麈[1]。

［注释］

1 麈：指一种似骆驼的鹿类动物，又叫“驼鹿”，尾巴可作拂尘。

［译文］

那里有一座山，名叫荣山。荣水就发源于这座山。在黑水的南岸有一条黑色巨蛇，喜爱吃麈鹿。

有巫山者，西有黄鸟[1]。帝药，八斋。黄鸟于巫山，司此玄蛇。

［注释］

1 黄鸟：黄，通“皇”。黄鸟即皇鸟，传说中的雌凤。

［译文］

那里有一座山，名叫巫山。巫山的西麓有黄鸟。天帝的丹药就存放在巫山的八处斋舍中。黄鸟总是待在巫山上，因为它要看管黑水河南岸那条黑色巨蛇。

大荒之中，有不庭之山，荣水穷焉。有人三身，帝俊妻娥皇[1]，生此三身之国，姚姓，黍食，使四鸟。有渊四方，四隅皆达，北属黑水[2]，南属大荒。北旁名曰少和之渊，南旁名曰从渊，舜之所浴也。

［注释］

1 娥皇：相传为尧女，舜妻。

2 属：连通，连接。

[译文]

在最荒远之地有座不庭山。这座山是荣水的尽头。山上有一个国家，名叫三身国。国民都是长着三个身子的人，那是帝俊和娥皇的后代，三身国的人都姓姚，以黄米为主食，善于驱使虎、豹、熊、罴四种兽。那里还有个深渊，四四方方的，四角都能旁通。北边与黑水相连，南边和大荒相通，北边的渊叫少和渊，南边的渊叫从渊，是舜沐浴的地方。

又有成山，甘水穷焉。有季禺之国，颛顼之子，食黍。有羽民之国，其民皆生毛羽。有卵民之国，其民皆生卵。

[译文]

还有一座成山，甘水的尽头就在这里。这里有三个国家：季禺国，国民是颛顼的后代，以黄米为主食；羽民国，国民都长着羽毛；卵民国，国民都产卵，而且由卵孵化而生的。

大荒之中，有不姜之山，黑水穷焉。又有贾山，汔水出焉[1]。又有言山。又有登备之山[2]。有恝恝之山[3]。

又有蒲山，澧水出焉[4]。又有隗山[5]，其西有丹，其东有玉。又南有山，漂水出焉。有尾山。有翠山。

[注释]

1 汔qì水：水名。

2 登备之山：山名。亦名“登葆山”。

3 恝恝qì之山：山名。

4 澧lí水：水名。今湖北、湖南境内有澧水，与此“澧水”不同。

5 隗wéi山：山名。

[译文]

在最荒远之地，有一座不姜山，黑水最终流到这座山。又有座贾山，汔水从这座山发源。又有座言山。又有座登备山。还有座恝恝山。又有座蒲山，澧水从这座山发源。又有座隗山，它的西面蕴藏着丹雘，东面蕴藏着玉石。往南有座高山，漂水就是从这座山中发源的。又有座尾山。还有座翠山。

有盈民之国，於姓，黍食。又有人方食木叶。

[译文]

有个国家叫盈民国，这里的人姓於，吃黄米饭。又有人正在吃树叶。

有不死之国，阿姓，甘木是食。

[译文]

有个国家叫不死国，这里的人姓阿，吃的是不死树。

大荒之中，有山名曰去痓。南极果，北不成，去痓果[1]。

[注释]

1 南极果，北不成，去痓zhì果：这三句的意义不详，据考证可能是巫师流传下来的几句咒语。

[译文]

在最荒远之地，有座山叫去痓山。南极果，北不成，去痓果。

南海渚中，有神，人面，珥两青蛇，践两赤蛇，曰不廷胡余。

[译文]

在南海的岛屿上，有一个神，长着人的面孔，耳朵上挂着两条青色蛇，脚底下踩踏着两条红色蛇，这个神叫不廷胡余。

有神名曰因因乎——南方曰因乎，来风曰乎民——处南极以出入风。

[译文]

有个神人名叫因因乎，南方人单称他为因，从南方吹来的风称作民，他处在大地的南极，主管风起风停。

有襄山。又有重阴之山。有人食兽，曰季厘。帝俊生季厘，故曰季厘之国。有缗渊[1]。少昊生倍伐，倍伐降处缗渊。有水四方，名曰俊坛。

[注释]

1 缗mín渊：深渊名。

[译文]

有座襄山。又有座重阴山。有人在吞食野兽肉，此人名叫季厘。帝俊生了季厘，所以季厘后裔所在的国家名叫季厘国。这里有一个缗渊。少昊生了倍伐，倍伐被流放至缗渊。此地有一个水池呈四方形，名叫俊坛。

有臷民之国[1]。帝舜生无淫，降臷处，是谓巫臷民。巫臷民朌姓[2]，食谷，不绩不经[3]，服也；不稼不穑[4]，食也。爰有歌舞之鸟，鸾鸟自歌，凤鸟自舞。爰有百兽，相群爰处。百谷所聚。

［注释］

1 臷zhí民之国：国名。

2 朌fén：这里作姓氏。朌，头大貌。

3 绩：捻搓麻线，这里泛指纺织。经：经线，纺织时织物的纵线，这里也是泛指织布一类的行为。

4 穑sè：收获庄稼。

［译文］

有一个国家叫臷民国。帝舜生了无淫，无淫被贬到臷这个地方居住，他的子孙后代就是所谓的巫臷民。巫臷民姓朌，吃五谷粮食，不从事纺织，自然有衣服穿；不从事耕种，自然有粮食吃。这里有能歌善舞的鸟，鸾鸟自由自在地歌唱，凤鸟自由自在地舞蹈。这里又有各种各样的野兽，群居相处。这里还是各种农作物聚集生长的地方。

大荒之中，有山名曰融天，海水南入焉。

[译文]

在最荒远之地，有座山叫融天山，海水从南面流进这座山。

有人曰凿齿，羿杀之。

[译文]

有一个神人叫凿齿，羿射死了他。

有蜮山者[1]，有蜮民之国，桑姓，食黍，射蜮是食。有人方扜弓射黄蛇[2]，名曰蜮人。

[注释]

1 蜮：据古人说是一种叫短狐的动物，像鳖的样子，能含沙射人，被射中的就要病死。

2 扜：拉，张。

[译文]

有一座山叫蜮山，在那里有个蜮民国，这个国家的人姓桑，以黄米为主食，也用箭射杀蜮为食。有人正在拉弓射黄蛇，此人名叫蜮人。

有宋山者，有赤蛇，名曰育蛇。有木生山上，名曰枫木[1]。枫木，蚩尤所弃其桎梏[2]，是为枫木。

[注释]

1 枫木：古人说是枫香树，叶子像白杨树叶，圆叶而分杈，有油脂而芳香。

2 桎梏：脚镣手铐。

[译文]

有一座山叫宋山，山中有一种红颜色的蛇，名叫育蛇。山上还有一种树，名叫枫木。枫木，原来是蚩尤死后所丢弃的手铐脚镣，这些刑具就化成了枫木。

有人方齿虎尾，名曰祖状之尸。

[译文]

有个神人正咬着老虎的尾巴，此人名叫祖状尸。

有小人，名曰焦侥之国，幾姓，嘉谷是食。

［译文］

有一个由身材短小的人组成的国家，名叫焦侥国，那里的人姓幾，吃的是优良谷米。

大荒之中，有山名死涂之山，青水穷焉。有云雨之山，有木名曰栾。禹攻云雨[1]。有赤石焉生栾，黄本，赤枝，青叶，群帝焉取药。

［注释］

1 攻：从事某项事情，这里指砍伐林木。

［译文］

在最荒远之地，有座死涂山，青水最终流到这座山。还有座云雨山，山上有一种树叫栾树。大禹在云雨山砍伐树木，发现红色岩石上生出这棵栾树，黄色的树干，红色的枝条，青色的叶子，诸帝就到这里来采药。

有国曰颛顼，生伯服，食黍。有鼬姓之国。有苕山，又有宗山，又有姓山，又有壑山。又有陈州山，又有东州山，又有白水山，白水出焉，而生白渊[1]，昆吾之师所浴也。

[注释]

1 生：草木生长，引申为事物的产生、形成。这里即指形成的意思。

[译文]

有一个国家名叫颛顼国，颛顼的后代组成伯服国，这里的人以黄米为主食。有一个鼬姓国。有座苕山，又有座宗山，又有座姓山，又有座壑山，又有座陈州山，又有座东州山，还有座白水山，白水从这座山发源，流下来汇聚成为白渊，那是昆吾的老师洗澡的地方。

有人名曰张宏，在海上捕鱼。海中有张宏之国，食鱼，使四鸟。

[译文]

有个人名叫张宏，在海上捕鱼。海里的岛上有个张宏国，这里的人以鱼为食物，能驯化并驱使四种野兽。

有人焉，鸟喙，有翼，方捕鱼于海。大荒之中[1]，有人名曰驩头。鲧妻士敬，士敬子曰炎融，生驩头。驩头人面鸟喙，有翼，食海中鱼，杖翼而行[2]。维宜芑苣穋杨是食[3]。有驩头之国。

[注释]

1 大荒：最荒远的地方，边远地区。

2 杖：凭倚、凭借。

3 苣：苣荬菜，一年生草本植物。野生，叶子互生，边缘有不整齐的锯齿，花黄色，嫩苗可供食用。穋：一种后种先熟的谷类。

[译文]

有一个人，长着鸟一样的嘴，有翅膀，正在海中捕鱼。在最荒远的地方之中，有个人名叫驩头。鲧的妻子是士敬，士敬的儿子是獂融，獂融生驩头。驩头长着人的面孔，鸟一样的嘴，生有翅膀，吃海里的鱼。依靠翅膀行走路。他以芑、苣、穋、杨为食物。后来有驩头国。

帝尧、帝喾、帝舜葬于岳山。爰有文贝、离俞、鸱久、鹰、贾、延维、视肉、熊、罴、虎，豹；朱木、赤枝、青华，玄实。有申山者。

[译文]

那里有座岳山。帝尧、帝喾、帝舜就葬在岳山。山上还有很多文贝、离朱鸟、鸱久、鹰、隼、委蛇、视肉、熊、罴、虎、豹；还有朱木树，红色的树干、青色的花朵、黑色的果实。那里还有一座山，名叫申山。

大荒之中，有山名曰天台（高山），海水入焉。

[译文]

在最荒远之地，有座山名叫天台山。这座山有洞穴，海水从那里流入。

东南海之外，甘水之间，有羲和之国，有女子名曰羲和[1]，方日浴于甘渊。羲和者，帝俊之妻，生十日。

[注释]

1 羲和：古代神话传说中的人物，太阳的母亲。

[译文]

在东海之外，甘水与东海之间有个国家，名叫羲和国。这里有个女人名叫羲和，正在甘渊中为太阳们洗澡。羲和是帝俊的妻子，是十个太阳的母亲。

有盖犹之山者，其上有甘柤，枝干皆赤，黄叶，白华，黑实。东又有甘华，枝干皆赤，黄叶。有青马。有赤马，名曰三骓。有视肉。

[译文]

有一座盖犹山，山上生长着甘柤树，它的枝条和茎干都是红色的，黄色的叶，白色的花，黑色的果实。山的东部有甘华树，枝干也是红色的，叶子是黄的。山上有青马。还有赤马，名叫三骓。还有视肉兽。

有小人，名曰菌人[1]。

[注释]

1 菌人：菌人高不过一寸左右，穿红衣戴圆帽，乘着白色的马车。人们遇到小人的车，抓住他们便吃下去，味道辛苦，吃后可以常年不被小虫子咬，并能识别各种动植物的名字。吃这种小人，还能杀死肚里的三种虫子，三种虫子死后，人才可以吃仙药。

[译文]

有一种个头极小的人，人们称之为菌人。

有南类之山。爰有遗玉、青马、三骓、视肉、甘华。百谷所在。

[译文]

有一座南类山，那座山上有遗玉、青马、三骓马、视肉兽、甘华树，那里是百谷繁茂生长的地方。

五色鸟

卷十六 大荒西经

西北海之外，大荒之隅，有山而不合，名曰不周（负子），有两黄兽守之。有水曰寒暑之水。水西有湿山，水东有幕山。有禹攻共工国山。

［译文］

在西北大海之外，最荒远之地的一个角落，有座山断裂而合不拢，名叫不周山，有两只黄色的神兽守护在那里。山中有一条水系叫寒暑水。水的西边有座湿山，东边有座幕山。还有座禹攻共工国山。

有国名曰淑士，颛顼之子。

[译文]

有个国家叫淑士国，这里的人是帝颛顼的子孙后代。

有神十人，名曰女娲之肠[1]，化为神，处栗广之野；横道而处。

[注释]

1 女娲：神话传说女娲是一位以神女的身份做帝王的女神人，有人的面孔和蛇的身子，一天内有七十次变化，她的肠子化成了这十位神人。

[译文]

有十个神人，名叫女娲肠。是女娲的肠子变化而成神仙的，他们在一片叫栗广的原野上生活，而且他们就在大路当中断道而居。

有人名曰石夷——西方曰夷，来风曰韦——处西北隅以司日月之长短。

[译文]

有个人名叫石夷，西方人单称他为夷，从北方吹来的风叫韦，石夷就处在大地的西北角落，掌管太阳和月亮升起落下时间的长短，也就是白昼和黑夜的长短。

有五采之鸟，有冠，名曰狂鸟。

[译文]

有一种长着五彩羽毛的鸟，头上有冠，名叫狂鸟。

有大泽之长山。有白民之国。

[译文]

有一座大泽长山。有一个白民国。

西北海之外，赤水之东，有长胫之国。

[译文]

在西北海以外，赤水的东边，有一个长胫国。

有西周之国，姬姓[1]，食谷。有人方耕，名曰叔均。帝俊生后稷，稷降以百谷[2]。稷之弟曰台玺[3]，生叔均。叔均是代其父及稷播百谷，始作耕。有赤国妻氏。有双山。

[注释]

1 姬jī：周王朝的姓氏。

2 降以百谷：把各种谷物从天界带到人间。

3 台玺：人名。

[译文]

有一个西周国，这国的人姓姬，吃谷米。有个人正在耕田，此人名叫叔均。帝俊生了后稷，后稷把各种谷物的种子从天上带到人间。后稷的弟弟叫台玺，台玺生了叔均。叔均在这里代替父亲和后稷播种各种谷物，开始创造各种耕田的方法。有个赤国妻氏。有一座双山。

西海之外，大荒之中，有方山者，上有青树，名曰柜格之松[1]，日月所出入也。

[注释]

1 柜jǔ：树名。

[译文]

在西海以外，最荒远之地，有座山叫方山，山上有棵青色的树，名叫柜格松，是太阳和月亮升起落下的地方。

西北海之外，赤水之西，有天民之国，食谷，使四鸟。

[译文]

在西北海以外，赤水的西岸，有个天民国，那里的人吃谷米，能驯化并驱使四种野兽。

有北狄之国。黄帝之孙曰始均，始均生北狄。

[译文]

有个北狄国。黄帝的孙子叫始均，始均的后代就是北狄国的人。

有芒山。有桂山。有榣山。其上有人，号曰太子长琴。颛顼生老童，老童生祝融，祝融生太子长琴，是处榣山，始作乐风。

[译文]

有座芒山。有座桂山。有座榣山。榣山上有一个人，号称太子长琴。颛顼生了老童，老童生了祝融，祝融生了太子长琴，太子长琴住在榣山上，始创了音乐并风行于世。

有五采鸟三名：一曰皇鸟，一曰鸾鸟，一曰凤鸟。

[译文]

这里有三种长有五彩羽毛的鸟：一种叫皇鸟，一种叫鸾鸟，一种叫凤鸟。

有虫状如菟[1]，胸以后者裸不见[2]，青如猨状。

[注释]

1 菟：通“兔”，兔子。

2 裸：裸露。

[译文]

有一种野兽，形似兔，胸部以下皮色青青的，以至看不见裸露处。这种兽皮色青得像猿。

大荒之中，有山名曰丰沮玉门，日月所入。

[译文]

在最荒远之地有一座山，名叫丰沮玉门山。这座山是太阳和月亮降落的地方。

有灵山，巫咸、巫即、巫肦、巫彭、巫姑、巫真、巫礼、巫抵，巫谢、巫罗十巫，从此升降，百药爰在。

[译文]

在最荒远之地有座灵山。巫咸、巫即、巫肦、巫彭、巫姑、巫真、巫礼、巫抵、巫谢、巫罗等十位巫神就是从这座山上天、下凡的。这座山生长着各式各样的药材。

西有王母之山，壑山、海山。有沃之国，沃民是处。沃之野，凤鸟之卵是食，甘露是饮。凡其所欲，其味尽存。爰有甘华、甘柤、白柳、视肉、三骓、璇瑰[1]、瑶碧、白木[2]、琅玕[3]、白丹[4]、青丹、多银铁。鸾凤自歌，凤鸟自舞，爰有百兽，相群是处，是谓沃之野。

[注释]

1 璇瑰：美玉名。

2 白木：树木名。为纯白色。

3 琅玕：像珠子的美石。

4 丹：这里指一种可用于制药的矿石。

[译文]

西海外最荒远之地有西王母山、壑山、海山三座灵山。

那里有个国家，名叫沃民国。沃民就住在那里。生活在那里的人以沃民国野外凤鸟产的蛋为食，喝天降的甘露。凡是他们所想要吃喝的东西，都应有尽有。这里还有甘华树、甘柤树、白柳树、视肉兽、三骓马、璇瑰玉、瑶碧玉、白木、琅玕石、白丹、青丹，以及蕴藏丰富的银矿石和铁矿石。野外凤鸟和鸾鸟载歌载舞，自由自在，各种野兽群居相处，所以称这里是“沃野”。

有三青鸟，赤首黑目，一名曰大鵹，一名少鵹，一名曰青鸟。

［译文］

有三只青鸟，羽毛是青色的，脑袋是红色的，眼睛是黑色的。这三只青鸟，一只名叫大鵹，一只名叫少鵹，另一只名叫青鸟。

有轩辕之台[1]，射者不敢西向射，畏轩辕之台。

［注释］

1 轩辕之台：即上文所说的轩辕之丘，为传说中的上古帝王黄帝所居之地，故号轩辕氏。

[译文]

有座轩辕台，射箭的人因敬畏黄帝的神灵，而不敢向西射箭。

大荒之中，有龙山，日月所入。有三泽水[1]，名曰三淖，昆吾之所食也[2]。

[注释]

1 泽：聚水的洼地。这里作动词用，汇聚的意思。

2 昆吾：相传是上古时的一个部落。食：食邑，即古时作为专门供应某人或某部分人生活物资的一块地方。

[译文]

在最荒远之地，有座龙山，是太阳和月亮降落的地方。有三个大泽汇聚于此，名叫三淖，是昆吾族人获取食物的地方。

有人衣青，以袂蔽面[1]，名曰女丑之尸[2]。

[注释]

1 袂：衣服的袖子。

2 女丑之尸：上文说女丑尸用右手遮住脸面，这里说是用衣袖遮住脸面，大概是因为原图上的画像不一样。

[译文]

有个穿一身青色衣服的人，以袖子遮住其面孔，此人名叫女丑尸。

有女子之国。

[译文]

有一个国家叫女子国。

有桃山。有虻山[1]。有桂山。有于土山。

[注释]

1 虻山：即上文所说的芒山。

[译文]

有座山叫桃山。附近还有芒山、桂山，还有于土山。

有丈夫之国。

[译文]

有一个国家叫丈夫国。

有弇州之山，五采之鸟仰天，名曰鸣鸟。爰有百乐歌儛之风。

[译文]

有座弇州山，山上有一种五彩鸟仰头向天，这种鸟叫鸣鸟。据说那里有各种音乐和唱歌跳舞的风俗。

有轩辕之国。江山之南栖为吉。不寿者乃八百岁。

[译文]

有一个轩辕国。那里的人把居住在江河山岭的南边视为吉利。他们当中就算寿命不长的人也活到了八百岁。

西海陼中[1]，有神，人面鸟身，珥两青蛇，践两赤蛇，名曰弇兹。

[注释]

1 陼：同“渚”，水中的小块陆地。

[译文]

在西海的岛屿上，住着一位神，长着人的面孔、鸟的身子，耳朵上挂着两条青色的蛇，脚底下踩踏着两条红色的蛇，此神名叫弇兹。

大荒之中，有山名曰日月山，天枢也。吴姖天门，日月所入。有神，人面无臂，两足反属于头上[1]，名曰嘘。颛顼生老童，老童生重及黎[2]，帝令重献上天，令黎邛下地。下地是生噎，处于西极，以行日月星辰之行次。

[注释]

1 属：接连。

2 重：神话传说中掌管天上事务的官员南正。黎：神话传说中管理地下人类的官员火正。

[译文]

在最荒远之地，有座日月山，是天的枢纽。这座山的主峰叫吴姖天门山，是太阳和月亮降落的地方。有一个神，长得像人但没有臂膀，两只脚反转着连在头上，此神名叫嘘。帝颛顼生了老童，老童生了重和黎，帝颛顼命令重托着天用力向上举，又命令黎撑着地使劲朝下按。于是黎来到地下并生了噎，他就处在大地的最西端，主管着太阳、月亮和星辰运行的先后次序。

有人反臂，名曰天虞。

[译文]

有个人反长着臂膀，名叫天虞。

有女子方浴月。帝俊妻常羲，生月十有二，此始浴之。

[译文]

有个女子正在替月亮洗澡。帝俊的妻子常羲，生了十二个月亮，这才开始给月亮洗澡。

有玄丹之山。有五色之鸟，人面有发。爰有青鴍、黄鷔、青鸟、黄鸟，其所集者其国亡。

[译文]

有一座玄丹山。山上有一种长着五彩羽毛的鸟，它长着人的面孔而且有头发。这里还有青鴍、黄鷔，也就是青鸟、黄鸟，它们在哪个国家聚集栖息，哪个国家就会灭亡。

有池，名孟翼之攻颛顼之池。

［译文］

有个水池，名叫孟翼攻颛顼池。

大荒之中，有山名曰鏖鏊钜，日月所入者。

［译文］

在最荒远之地，有座鏖鏊钜山，是太阳和月亮降落的地方。

有兽，左右有首，名曰屏蓬。

［译文］

那里有种怪兽，身体左右两侧各长着一只脑袋，名叫屏蓬。

有巫山者。有壑山者。有金门之山，有人名曰黄姖之尸。有比翼之鸟。有白鸟，青翼，黄尾，玄喙。有赤犬，名曰天犬，其所下者有兵。

[译文]

那里有三座山，一座叫巫山，一座叫壑山，还有一座叫金门山。金门山中居住着一个名叫黄姖尸的人；有比翼鸟；还有一种鸟，身上的羽毛是白色的，翅膀是青色的，尾巴是黄色的，嘴是黑色的；还有一种红色的狗，名叫天狗，它一旦下凡，降临在哪里，哪里就会出现战争。

西海之南，流沙之滨，赤水之后，黑水之前，有大山，名曰昆仑之丘。有神，人面虎身，有文有尾，皆白[1]，处之。其下有弱水之渊环之，其外有炎火之山[2]，投物辄然。有人戴胜，虎齿，有豹尾，穴处，名曰西王母。此山万物尽有。

[注释]

1 白：指尾巴的花纹是白色的。

2 炎火之山：传说中的火焰山。

[译文]

西海的南岸，流沙河的旁边，赤水的后面，黑水的前面，有一座大山，名叫昆仑山。昆仑山上有尊神，他长着人脸虎身，还有一根有花纹的尾巴，花纹是白色的。昆仑山上环绕着弱水大渊，渊外还有一座山，名叫炎火山，如果向这座山上投掷东西，那东西就会燃烧。山上还有位神人，头戴玉胜，长着虎齿、豹尾，住在山洞中。她就是西王母。世上万物这座山上都应有尽有。

大荒之中，有山名曰常阳之山，日月所入。

［译文］

在最荒远之地有座山，名叫常阳山。这座山是太阳和月亮降落的地方。

有寒荒之国。有二人女祭、女薎。

［译文］

有一个寒荒国。寒荒国有两位神人，一位叫女祭，一位叫女薎。

有寿麻之国。南岳娶州山女，名曰女虔。女虔生季格，季格生寿麻。寿麻正立无景[1]，疾呼无响。爰有大暑[2]，不可以往。

［注释］

1 景yǐng：同“影”，影子。

2 大暑：指炙热灼人。

［译文］

有一个寿麻国。南岳娶了州山的女子为妻，她的名字叫女虔。女虔生了季格，季格生了寿麻。寿麻即使站在太阳下也没有影子，向四面高声叫喊却听不到一丁点的回声。这里异常炎热，人不可以前往。

有人无首，操戈盾立，名曰夏耕之尸。故成汤伐夏桀于章山[1]，克之，斩耕厥前[2]。耕既立，无首，丢厥咎[3]，乃降于巫山。

［注释］

1 成汤伐夏桀jié：成汤就是商汤，是商朝的开国君主。夏桀是夏朝的亡国之君。

2 斩耕厥前：厥，其。这里指代夏桀。

3 丢zǒu厥咎jiù：丢，“走”的本字，即逃跑、逃避。咎，罪责，责任。

［译文］

有个人没有头颅，拿着一把戈和一面盾牌站着，名叫夏耕尸。过去成汤在章山讨伐夏桀，打败了夏桀，把夏耕尸斩杀在他的面前。夏耕尸站立起来以后，发觉自己没了脑袋，为逃避战败的罪咎，于是逃跑到巫山去了。

有人名曰吴回[1]，奇左[2]，是无右臂。

[注释]

1 吴回：传说中司火之神。

2 奇jī：单数。这里指两只胳膊只剩下一只。

[译文]

有个人名叫吴回，只有一只左臂，没有右臂。

有盖山之国。有树，赤皮支干，青叶，名曰朱木。

[译文]

有一个盖山国。盖山国有一种树，树皮和枝干都是红色的，叶子是青色的，名叫朱木。

有一臂民。

[译文]

有一个一臂国，国民都只长了一只手臂。

大荒之中，有山，名曰大荒之山，日月所入。

［译文］

在最荒远之地中有座山，名叫大荒山。这座山也是太阳和月亮降落的地方。

有人焉，三面，是颛顼之子，三面一臂，三面之人不死。是谓大荒之野。

［译文］

那里有一群三面人，是颛顼的后人。这些人脑袋上都长有三张脸，身上只有一只臂膀。这些三面人都长生不老。这里就是所谓的大荒野。

西南海之外，赤水之南，流沙之西，有人珥两青蛇，乘两龙，名曰夏后开[1]。开上三嫔[2]于天，得《九辩》与《九歌》以下。此天穆之野，高二千仞，开焉得始歌《九招》。

［注释］

1 夏后开：即夏启。汉代时因避汉景帝刘启的讳，即改“启”为“开”。

2 嫔：通："宾"，宾客。

[译文]

在西南海以外、赤水河的南岸、流沙河的西岸，有个人两耳垂各穿着一条青色的蛇，乘驾着两条龙。他就是夏后启。夏后启曾三次到天帝那里做客，得到天帝所赐的《九辩》和《九歌》，并带回下界。夏后启回到下界后就住在天穆山野，这里高达二千仞。夏后启就在这里对天帝所赐乐曲进行编配，创作出《九招》乐曲。

有互人之国。炎帝之孙名曰灵恝，灵恝生互人，是能上下于天。

[译文]

有一个互人国。互人是灵恝的后代，灵恝是炎帝的孙子。这里的人都能乘云雨往来于天地之间。

有鱼偏枯，名曰鱼妇。颛顼死即复苏。风道北来[1]，天乃大水泉，蛇乃化为鱼，是为鱼妇。颛顼死即复苏。

[注释]

1 道：从，由。

[译文]

有一种鱼，身子半边干枯，名叫鱼妇，是帝颛顼死后立即苏醒而变化的。风从北方吹来，天于是涌出大水如泉，蛇于是变化成为鱼，这便是所谓的鱼妇。而死去的颛顼就是趁蛇鱼变化未定之机，托体鱼躯并重新复苏的。

有青鸟，身黄，赤足，六首，名曰鸀鸟。

[译文]

有一种青鸟，身子是黄色的，爪子是红色的，长有六个头，名叫鸀鸟。

有大巫山。有金之山。西南，大荒之中隅，有偏句、常羊之山。

[译文]

有座大巫山。有座金山。在西南方，最荒远地方的一个角落，有偏句山和常羊山。

强良

卷十七　大荒北经

东北海之外，大荒之中，河水之间，附禺之山，帝颛顼与九嫔葬焉。爰有鸱久、文贝、离俞、鸾鸟、皇鸟、大物、小物[1]。有青鸟、琅鸟、玄鸟、黄鸟、虎、豹、熊、罴、黄蛇、视肉、璿瑰、瑶碧，皆出于山。卫丘方员三百里，丘南帝俊竹林在焉，大可为舟。竹南有赤泽水，名曰封渊[2]。有三桑无枝，皆高百仞。丘西有沈渊，颛顼所浴。

［注释］

1 大物、小物：指颛顼帝和妃子们的陪葬之物。

2 封渊：渊名。封，大。

[译文]

在东北海以外，在最荒远之地，黄河流经的地方，有座附禺山，颛顼帝与他的九个妃嫔就葬在这座山。这里有鸱鹰、花斑贝、离朱鸟、鸾鸟、凤鸟，以及颛顼帝的各种陪葬之物。还有青鸟、琅鸟、燕子、黄鸟、老虎、豹、熊、罴、黄蛇、视肉兽、璿瑰玉、瑶碧玉也都出产于这座山。卫丘方圆三百里，丘南面有帝俊的竹林，那里的竹子大得可以用于做成船。竹林南面有个红色的深潭，名叫封渊。有三棵没有枝杈的桑树，都高达百仞。卫丘西面有个沈渊，是颛顼帝沐浴的地方。

有胡不与之国，烈姓，黍食。

[译文]

有一个胡不与国，国人都姓烈，吃黄米。

大荒之中，有山，名曰不咸。有肃慎氏之国。有蜚蛭[1]，四翼。有虫，兽首蛇身，名曰琴虫。

[注释]

1 蜚fěi蛭zhì：大概是一种能飞的虫子。蜚，通“飞”。蛭是节肢动物的总称，如水蛭、鱼蛭、山蛭等。

［译文］

在最荒远之地，有座山名叫不咸山。有一个肃慎氏国。有一种能飞的蛭，长着四只翅膀。有一种蛇，长着野兽的脑袋、蛇的身子，名叫琴虫。

有人名曰大人。有大人之国，釐姓[1]，黍食。有大青蛇，黄头，食麈。

［注释］

1 釐xī：姓。

［译文］

有一种人名叫大人。有个大人国，这里的人姓釐，吃黄米。有一种大青蛇，头是黄色的，能吞食麈鹿。

有榆山。有鲧攻程州之山[1]。

［注释］

1 程州：古国名。

［译文］

有一座榆山。有座鲧攻程州山。

大荒之中，有山名曰衡天。有先民之山。有槃木千里。

[译文]

最荒远之地有座山，名叫衡天山。还有一座先民山，山上有一种树，名叫槃木，树干屈曲盘绕，占地千里。

有叔歜国，颛顼之子，黍食，使四鸟：虎、豹、熊、罴。有黑虫如熊状，名曰猎猎。

[译文]

有一个叔歜国。叔歜的国民是颛顼的子孙后代，以黄米为主食，擅长役使虎、豹、熊、罴四种野兽。这里还有一种黑色的虫，形状像熊，名叫猎猎。

有北齐之国，姜姓，使虎、豹、熊、罴。

[译文]

有一个北齐国。国民都姓姜，善于驱使虎、豹、熊、罴四种兽。

大荒之中，有山名曰先槛大逢之山，河济所入，海

北注焉。其西有山，名曰禹所积石。

［译文］

最荒远之地有座山，名叫先槛大逢山。黄河和济水最终流入此山中。海水也从北面注入这座山中。这座山的西边还有一座禹所积石山。

有阳山者。有顺山者，顺水出焉。有始州之国，有丹山。

［译文］

有一座阳山。旁边有一座顺山，是顺水的发源地。附近还有个国家，名叫始州国，始州国里有座丹山。

有大泽方千里，群鸟所解。

［译文］

有一大泽方圆千里，是各种禽鸟脱去旧羽毛，再生新羽毛的地方。

有毛民之国，依姓，食黍，使四鸟。禹生均国，均国生役采，役采生修鞈，修鞈杀绰人。帝念之，潜为之

国，是此毛民。

[译文]

有一个毛民国，这里的人姓依，以黄米为主食，能驯化并驱使四种野兽。大禹生了均国，均国生了役采，役采生了修鞈，修鞈杀了绰人。大禹怜念绰人，暗地里帮绰人的子孙后代建成国家，就是这个毛民国。

有儋耳之国，任姓，禺号子，食谷。北海之渚中，有神，人面鸟身，珥两青蛇，践两赤蛇，名曰禺强。

[译文]

有一个儋耳国，这里的人姓任，是神人禺号的子孙后代，吃谷米。在北海的岛屿上，有一个神，长着人的面孔、鸟的身子，耳朵上挂着两条青色的蛇，脚底下踩踏着两条红色的蛇，此神名叫禺强。

大荒之中，有山名曰北极天柜，海水北注焉。有神，九首人面鸟身，名曰九凤。又有神衔蛇操蛇，其状虎首人身，四蹄长肘，名曰强良。

[译文]

在最荒远之地，有座北极天柜山，海水从北面灌注到这里。有一个神人，长着九个脑袋，有人的面孔、鸟的身子，名叫九凤。又有一个神人，嘴里衔着蛇，手中握着蛇，长着老虎的脑袋、人的身子，有四只蹄子和长长的臂肘，名叫强良。

大荒之中，有山名曰成都载天。有人珥两黄蛇，把两黄蛇，名曰夸父。后土生信，信生夸父。夸父不量力，欲追日景，逮之于禺谷。将饮河而不足也，将走大泽，未至，死于此。应龙已杀蚩尤，又杀夸父，乃去南方处之，故南方多雨。

[译文]

在最荒远之地，有座成都载天山。有一个人的耳上挂着两条黄色的蛇，手上握着两条黄色的蛇，名叫夸父。后土生了信，信生了夸父。而夸父不衡量自己的体力，想要追赶太阳的光影，一直追到禺谷。夸父想喝黄河水解渴，水却不够喝，他准备跑到北方去喝大泽的水，还未到，便渴死在这里了。应龙在杀了蚩尤以后，又杀了夸父，因他的神力耗尽上不了天，就去南方居住，所以南方的雨水很多。

又有无肠之国，是任姓。无继子[1]，食鱼。

［注释］

1 无继：即上文所说的无启国。无启就是无嗣、没有子孙后代。但这里却说无肠国人是无启国人的子孙，显然是有继，而非无继。这正合乎神话传说的神奇诡怪的性质。

［译文］

又有个无肠国，国人姓任，他们是无继国人的后代，以鱼为主食。

共工之臣名曰相繇[1]，九首蛇身，自环，食于九土。其所歍所尼[2]，即为源泽，不辛乃苦，百兽莫能处。禹湮洪水[3]，杀相繇，其血腥臭，不可生谷；其地多水，不可居也。禹湮之，三仞三沮[4]，乃以为池，群帝因是以为台。在昆仑之北。

［注释］

1 相繇：即上文所说的相柳。

2 歍：呕吐。尼：止。

3 湮：阻塞。

4 三：表示多数，不是实指。仞：充满。沮：败坏。这里指塌陷、陷落。

［译文］

共工有一个臣属名叫相繇。长着九个头，身体如蛇一样盘旋成一团。它独霸九座神山，以供其食用。他呕吐出来的东西或他所到之处，都会变成大沼泽。沼泽中的水不辣即苦，百兽都无法在此居住。当时，大禹为了治理洪水，杀死了相繇，相繇的血又腥又臭，流经之处五谷不能生长，再加上相繇的血膏滂流，形成了一片大水，人们无法居住。大禹将它的血流经之地掩埋起来，填了三次，塌陷了三次。大禹便把此地挖掘成一个水池，诸帝利用挖出的泥土建造了几座高台。这地方在昆仑山的北边。

有岳之山，寻竹生焉。

［译文］

有一座岳山，山上生长着一种十分高大的竹子，叫寻竹。

大荒之中，有山名不句，海水北焉。

[译文]

在最荒远之地，有座山叫不句山，海水从北面流入山中。

有系昆之山者，有共工之台，射者不敢北乡[1]。有人衣青衣[2]，名曰黄帝女魃[3]。蚩尤作兵伐黄帝[4]，黄帝乃令应龙攻之冀州之野。应龙畜水，蚩尤请风伯雨师[5]，纵大风雨。黄帝乃下天女曰魃，雨止，遂杀蚩尤。魃不得复上，所居不雨。叔均言之帝，后置之赤水之北。叔均乃为田祖[6]。魃时亡之，所欲逐之者，令曰："神北行[7]！"先除水道，决通沟渎[8]。

[注释]

1 乡：通"向"，方向。

2 衣：穿。这里是动词。

3 女魃：相传是不长一根头发的光秃女神，她所居住的地方，天不下雨。

4 兵：这里指兵器、武器。

5 风伯：神话传说中的风神。雨师：神话传说中掌管雨水的神。

6 田祖：主管田地之神。

7 北行：指回到赤水之北。

8 渎：小沟渠。

[译文]

有一座系昆山，附近有一座共工台，射箭的人因畏惧共工之灵而不敢向北而射。有一个穿着青色衣服的女子，名叫黄帝女魃。先是蚩尤制造兵器，兴兵讨伐黄帝，黄帝便命令应龙到冀州的原野进攻蚩尤的部队。应龙能积蓄很多水，蚩尤便请来风伯、雨师，掀起狂风暴雨。黄帝再派名叫魃的天女去与蚩尤作战，旱神魃一到，雨便停止了，于是蚩尤兵败而被杀。魃却不能重上天宫，她所住的地方不会下一点雨。叔均将这件事禀报给黄帝，黄帝将女魃安置在赤水之北的僻远之处。叔均因禀报有功，当了管田轩的地官。女魃时时欲逃离那个偏远之处，她跑到其他地方时，人们想要赶走她，会大声说："神啊，请你快回赤水之北！"并且人们要先清理水道，疏通沟渠，以便让女魃早早返回。（女魃即旱魃，是为旱神，她所居住之处，天不下雨。所以当地人要把她赶跑，才能得雨。先清理水道，便是逐旱魃而求雨水。）

有人方食鱼，名曰深目民之国，昐姓，食鱼。

[译文]

有一群正在吃鱼的人，名叫深目民国。这里的人姓昐，以鱼为主食。

有钟山者。有女子衣青衣，名曰赤水女子魃[1]。

［注释］

1 赤水女子魃：即上文所说的被黄帝安置在赤水之北的女妭。妭，同“魃”。魃：旱神。

［译文］

有一座钟山，山上有个女子穿一身青色衣服，她名叫赤水女子魃。

大荒之中，有山名曰融父山，顺水入焉。有人名曰犬戎。黄帝生苗龙，苗龙生融吾，融吾生弄明，弄明生白犬，白犬有牝牡，是为犬戎，肉食。有赤兽，马状无首，名曰戎宣王尸[1]。

［注释］

1 戎宣王尸：传说是犬戎族人奉祀的神。

［译文］

在最荒远之地，有座山名叫融父山，顺水的尽头便在那里。那里有一种人名叫犬戎。黄帝生下苗龙，苗龙生下融吾，融吾生下弄明，弄明生下白犬。白犬有两个，一雌一雄，自相结合，便形成犬戎一族。犬戎以肉为食。有一种红色的野兽，像匹无头骏马，名叫戎宣王尸。

有山名曰齐州之山、君山、鬵山、鲜野山、鱼山。

[译文]

那里还有齐州山、君山、鬵山、鲜野山、鱼山。

有人一目，当面中生。一曰是威姓，少昊之子，食黍。

[译文]

那里有一种人，只有一只眼睛，长在脸正中间。有一种说法是说这些人姓威，是少昊的儿子，以黄米为主食。

有继无民，继无民任姓，无骨子，食气、鱼。

[译文]

那里还有一群继无民国的人，他们姓任，是无骨国的后人，以空气和鱼为食。

西北海外，流沙之东，有国曰中辐，颛顼之子，食黍。

[译文]

在西北方海外的最荒远之地，在流沙河的东岸有个国家，名叫中辐国。那里的人是颛顼的子孙后代，以黄米为主食。

有国名曰赖丘。有犬戎国。有神，人面兽身，名曰犬戎。

[译文]

那里有一个赖丘国。还有一个犬戎国。这个国家有尊神，名叫犬戎，人面兽身。

西北海外，黑水之北，有人有翼，名曰苗民。颛顼生驩头，驩头生苗民，苗民釐姓，食肉。有山名曰章山。

[译文]

在西北方海外的最荒远之地，黑水的北岸有一种人，长着翅膀，名叫苗民。颛顼生了驩头，驩头生了苗民，苗民姓鳌，以吃肉为生。那里还有一座山，名叫章山。

大荒之中，有衡石山、九阴山、灰野之山，上有赤树，青叶，赤华，名曰若木。

［译文］

在最荒远之地，有衡石山、九阴山、灰野山，山上有一种红颜色的树木，青色的叶子，红色的花朵，名叫若木。

有牛黎之国。有人无骨，儋耳之子。

［译文］

有一个牛黎国。那里的人身上没有骨头，是儋耳国人的子孙后代。

西北海之外，赤水之北，有章尾山。有神，人面蛇身而赤，身长千里，直目正乘，其瞑乃晦，其视乃明，不食、不寝、不息，风雨是谒。是烛九阴，是谓烛龙。

［译文］

在西北方的海外，赤水的北岸，有座章尾山。有一个神，长着人的面孔、蛇的身子，全身红色，身子长达一千里，竖立生长的眼睛正中合成一条缝，他闭上眼睛就是黑夜，睁开眼睛就是白昼，不吃饭、不睡觉、不呼吸，能吞食风雨。他能照耀阴暗的地方，所以称作烛龙。

韩流

卷十八　海内经

东海之内，北海之隅，有国名曰朝鲜。天毒[1]，其人水居，偎人爱之[2]。

[注释]

1 天毒：据古人解说，即天竺国，有文字，有商业，佛教起源于此国。而天竺国就是现在的印度。但印度在南，朝鲜在北，一南一北，相距很远，记在一处，不合情理，则文字上似有讹误或脱遗。

2 偎：怜悯。

[译文]

在东海之内，北海的一个角落，有个国名叫朝鲜。还有一国家名叫天毒国，那里的人傍水而居，以修善慈心而不杀生。

西海之内，流沙之中，有国名曰壑市。

[译文]

在西海之内，流沙的中央，有个国家名叫壑市国。

西海之内，流沙之西，有国名曰氾叶。

[译文]

在西海之内，流沙的西边，有个国家叫氾叶国。

流沙之西，有鸟山者，三水出焉。爰有黄金、璿瑰、丹货[1]、银铁，皆流于此中[2]。又有淮山，好水出焉。

[注释]

1 丹货：不详何物。

2 流：淌出。这里是出产、产生的意思。

[译文]

在流沙的西面，有座鸟山，有三条河发源于此山中。这里有黄金、璿瑰、丹砂、银、铁，而且全部出产于这三条河水中。附近有座山叫淮山，好水从此山发源。

流沙之东，黑水之西，有朝云之国、司彘之国。黄帝妻雷祖[1]，生昌意，昌意降处若水，生韩流。韩流擢首、谨耳、人面、豕喙、麟身、渠股、豚止[2]，取淖子曰阿女，生帝颛顼。

[注释]

1 雷祖：又作“嫘祖”。

2 擢zhuó首：这里指物体因牵拉变形的样子。引申为长。擢，拔。渠股：两条腿长在一起。渠，通“骈”，并生。豚tún止：豚，幼猪。止，同“趾”，这里指猪蹄。

[译文]

在流沙的东面，黑水的西岸，有朝云国、司彘国。黄帝的妻子雷祖生了昌意。昌意自天上降到若水居住，生下韩流。韩流长着长长的脑袋、小小的耳朵、人的面孔、猪的嘴、麒麟的身子、罗圈腿、小猪一样的蹄子，韩流娶了淖子族的阿女为妻，生下颛顼帝。

流沙之东，黑水之间，有山名不死之山。

[译文]

在流沙的东面，黑水流经的地方，有座山名叫不死山。

华山青水之东，有山名曰肇山。有人名曰柏子高，柏子高上下于此，至于天。

[译文]

在华山青水的东面，有座山名叫肇山。有位仙人名叫柏子高，柏子高从肇山上下，可以直达天界。

西南黑水之间，有都广之野，后稷葬焉。其城方三百里，盖天地之中，素女所出也。爰有膏菽、膏稻、膏黍、膏稷[1]，百谷自生，冬夏播琴[2]。鸾鸟自歌，凤鸟自舞，灵寿实华[3]，草木所聚。爰有百兽，相群爰处[4]。此草也，冬夏不死。

[注释]

1 菽shū：豆类的总称。

2 播琴：播种。

3 灵寿实华：灵寿就是上文所说的椐树。实，结果子。

华，开花。

4 相群爰处：在这里聚集。

[译文]

在西南方黑水流经的地方，有个地方叫都广野，后稷就葬在这里。它的疆域方圆有三百里，是天和地的中心，有名的神女素女便出现在这个地方。这里出产膏菽、膏稻、膏黍、膏稷，各种谷物能够自然生长，冬夏两季都能播种。鸾鸟在这里自由自在地歌唱，凤鸟在这里自由自在地舞蹈，灵寿树在这里开花结果，各种草木茂盛。这里有各种禽鸟野兽，全都群居相处。这里生长的草，无论冬夏都不会枯死。

南海之内，黑水青水之间，有木名曰若木，若水出焉。

[译文]

在南海以内，黑水青水流经的地方，有种树木名叫若木，若水就从若木生长的地方发源。

有禺中之国。有列襄之国。有灵山，有赤蛇在木上，名曰蝡蛇，木食。

［译文］

有禺中国，还有列襄国。有一座灵山，山中的树上有一种红颜色的蛇，名叫蝡蛇。这种蛇以树木为食。

有盐长之国。有人焉，鸟首，名曰鸟氏。

［译文］

有一个盐长国。那里的人长着鸟一样的脑袋，所以被称为鸟氏。

有九丘，以水络之[1]：名曰陶唐之丘[2]、有叔得之丘、孟盈之丘、昆吾之丘、黑白之丘、赤望之丘、参卫之丘、武夫之丘、神民之丘。有木，青叶紫茎，玄华黄实，名曰建木，百仞无枝，有九欘，下有九枸[3]，其实如麻，其叶如芒。大皞爰过[4]，黄帝所为。

［注释］

1 络：缠绕，围绕。

2 陶唐：古帝名。即唐尧。帝喾之子，姓伊祁，名放勋。初封于陶，后徙于唐。

3 枸：盘错的树根。

4 大皞：又作“太皞”、太昊，传说中的上古帝王，即伏羲氏，古代传说中的三皇之一。风姓。相传其始画八卦，传说他和女娲氏兄妹相婚而产生人类。他教民结网，从事渔猎畜牧。

[译文]

有九座山丘，山丘与山丘之间都被水环绕着。这九座山丘分别是陶唐丘、叔得丘、孟盈丘、昆吾丘、黑白丘、赤望丘、参卫丘、武夫丘、神民丘。有一种树，叶子是青色的，树干是紫色的，开出的花是黑色的，结的果实是黄色的，名叫建木，这种树很高，树干百尺之内都没长树枝，只在树顶端长着九条蜿蜒曲折的枝丫，而在树底端长着九根盘旋交错的盘根。这种树结出的果实就像麻子，长出的树叶就像芒草。当初太皞就是从这里登上天界的。相传这棵树是黄帝种植的。

有窫窳，龙首，是食人。有青兽，人面，名曰猩猩。

[译文]

有一种兽，名叫窫窳，长着龙一样的脑袋，是吃人兽。还有一种青色的野兽，面孔似人，名叫猩猩。

西南有巴国。大皞生咸鸟，咸鸟生乘厘，乘厘生后照，后照是始为巴人。

[译文]

在西南方有个巴国。大皞生了咸鸟，咸鸟生了乘厘，乘厘生了后照，而后照就是巴国人的始祖。

有国名曰流黄辛氏，其域中方三百里，其出是尘土。有巴遂山，渑水出焉。

[译文]

有一个国家名叫流黄辛氏国，它的疆域方圆三百里，这里出产一种大鹿。还有一座巴遂山，渑水从这座山发源。

又有朱卷之国。有黑蛇，青首，食象。

[译文]

又有一个朱卷国。这里有一种黑颜色的大蛇，长着青色的脑袋，能吞食大象。

南方有赣巨人，人面长唇，黑身有毛，反踵，见人笑亦笑，唇蔽其面，因即逃也。

[译文]

南方有一种赣巨人，长着人的面孔而嘴唇长长的，黑黑的身上长满了毛，脚尖朝后而脚跟朝前，看见人笑他也笑，一发笑嘴唇便会遮住他的面孔，人就趁此机会立即逃走。

又有黑人，虎首鸟足，两手持蛇，方啖之。

[译文]

还有一种黑人，长着老虎一样的脑袋，禽鸟一样的爪子，两只手握着蛇，正在吞食它。

有嬴民，鸟足。有封豕。

[译文]

有一种人称为嬴民，长着禽鸟一样的爪子。还有大野猪。

有人曰苗民。有神焉，人首蛇身，长如辕，左右有首，衣紫衣，冠旃冠，名曰延维，人主得而飨食之[1]，伯天下。

[注释]

1 飨：祭献。

[译文]

有一种人称为苗民。这个地方有一位神，长着人的脑袋，蛇的身子，身躯长长的像车辕，左右两边各长着一个脑袋，穿紫色的衣服，戴着红色的帽子，名叫延维，人主得到它后加以奉飨祭祀，便可以称霸天下。

有鸾鸟自歌，凤鸟自舞。凤鸟首文曰“德”，翼文曰“顺”，膺文曰“仁”，背文曰“義”，见则天下和。

[译文]

有种鸾鸟自在地鸣唱，凤鸟自由地起舞。凤鸟头部的花纹是“德”字，翅膀上的花纹是“顺”字，胸前的花纹是“仁”字，背上的花纹是“义”字。这种鸟一出现，天下便会太平。

又有青兽如菟，名曰𡿬狗。有翠鸟。有孔鸟[1]。

[注释]

1 孔鸟：即孔雀。

[译文]

那里有一种青兽，体形有点像兔子，名叫菌狗。那里还有翠鸟、孔雀。

南海之内，有衡山，有菌山，有桂山。有山名三天子之都。

[译文]

南海之内有座衡山、有座菌山、有座桂山。还有一座山名叫三天子之都山。

南方苍梧之丘，苍梧之渊，其中有九嶷山，舜之所葬。在长沙零陵界中。

[译文]

在南方有一大片荒山叫苍梧丘，丘附近有大渊叫苍梧渊，二者之间有座大山叫九嶷山，帝舜便葬于这座山中，位于长沙零陵境内。

北海之内，有蛇山者，蛇水出焉，东入于海。有五采之鸟，飞蔽一乡，名曰翳鸟[1]。又有不距之山，巧倕葬其西[2]。

[注释]

1 翳鸟：传说是凤凰之类的鸟。

2 巧倕：相传是上古帝尧时代一位灵巧的工匠。

[译文]

在北海之内，有座山叫蛇山，蛇水从蛇山发源，向东流入大海。有一种五彩鸟，它们成群地飞上蓝天，可以遮蔽住一个村庄的上空。这种鸟名叫翳鸟。那里还有座不距山，巧倕便葬于不距山的西面。

北海之内，有反缚盗械、带戈常倍之佐[1]，名曰相顾之尸[2]。

[注释]

1 盗械：古时，凡因犯罪而被戴上刑具就称作盗械。戈：古代一种兵器。倍：通“背”。背弃。佐：辅助帝王的人。

2 相顾之尸：也是上文所说贰负之臣一类的人。

[译文]

在北海之内，有一个被反捆双手、身戴刑具的人，身后还背着戈，他名叫相顾尸。

伯夷父生西岳，西岳生先龙，先龙是始生氐羌，氐羌乞姓。

[译文]

伯夷父生了西岳，西岳生了先龙，先龙的后代就是氐羌，氐羌人都姓乞。

北海之内，有山，名曰幽都之山，黑水出焉。其上有玄鸟、玄蛇、玄豹、玄虎、玄狐蓬尾[1]。有大玄之山。有玄丘之民。有大幽之国。有赤胫之民[2]。

[注释]

1 蓬尾：尾巴上毛发蓬松。

2 赤胫之民：胫，小腿。赤胫之民就是膝盖以下为红色的一种人。

[译文]

北海以内有一座山，名叫幽都山，黑水从这座山发源。

山上有黑鸟、黑蛇、黑豹、黑虎，有尾巴蓬松的黑色狐狸。有座大玄山。有玄丘民。有个大幽国。有一种小腿是红色的人。

有钉灵之国，其民从厀以下有毛[1]，马蹄善走[2]。

[注释]

1 厀xī：同“膝”，膝盖。

2 马蹄善走：马蹄，长着马一样的蹄子。走，奔跑。

[译文]

有一个钉灵国，那里的人从膝盖以下腿上长着毛，有马一样的蹄子，善于快跑。

炎帝之孙伯陵，伯陵同吴权之妻阿女缘妇[1]，缘妇孕三年，是生鼓、延、殳[2]。殳始为侯，鼓、延是始为钟，为乐风。

[注释]

1 同：即“通”，私通。

2 殳shū：人名。

[译文]

炎帝的孙子叫伯陵，伯陵与吴权的妻子阿女缘妇私通，阿女缘妇怀孕三年，才生下鼓、延、殳三个孩子。殳发明了箭靶，鼓、延二人发明了钟，创制了乐曲和音律。

黄帝生骆明，骆明生白马，白马是为鲧。

[译文]

黄帝生了骆明，骆明生了白马，白马就是鲧。

帝俊生禺号，禺号生淫梁，淫梁生番禺，是始为舟。番禺生奚仲，奚仲生吉光，吉光是始以木为车。

[译文]

帝俊生了禺号，禺号生了淫梁，淫梁生了番禺，番禺发明了船。番禺生了奚仲，奚仲生了吉光，吉光最早用木头制作出车子。

少皞生般[1]，般是始为弓矢。

[注释]

1 少皞：少皞号称金天氏，传说中的上古帝王。

[译文]

少皞生了般，般发明了弓和箭。

帝俊赐羿彤弓素矰[1]，以扶下国[2]，羿是始去恤下地之百艰[3]。

[注释]

1 彤tóng弓素矰zēng：彤，红色。素，白色。矰，一种用白色羽毛装饰并系着丝绳的箭。彤弓素矰都是礼器。

2 扶：扶助。

3 恤xù下地之百艰：恤，体恤，救济。下地，人间，人世。百艰，各种艰难。

[译文]

帝俊赏赐给后羿红色的弓和带白色矰的箭，让后羿用他的箭术去扶助下界各国，后羿就开始救济世间人们的各种困苦。

帝俊生晏龙，晏龙是为琴瑟。

[译文]

帝俊生了晏龙，发明了琴和瑟这两种乐器。

帝俊有子八人，是始为歌舞。

[译文]

帝俊有八个儿子，他们开始创作歌曲和舞蹈。

帝俊生三身，三身生义均，义均是始为巧倕，是始作下民百巧。后稷是播百谷。稷之孙曰叔均，是始作牛耕。大比赤阴，是始为国。禹、鲧是始布土，均定九州。

[译文]

帝俊生了三身，三身生了义均，这位义均便是所谓的巧倕，从此开始发明世间的各种工艺技巧。后稷开始播种各种农作物。后稷的孙子叫叔均，这位叔均最早开始使用牛耕田。大比赤阴，开始受封而建国。大禹和鲧开始挖掘泥土治理洪水，度量划定九州。

炎帝之妻，赤水之子听訞生炎居，炎居生节并，节并生戏器，戏器生祝融。祝融降处于江水，生共工。共工生术器，术器首方颠，是复土壤，以处江水。共工生后土，后土生噎鸣，噎鸣生岁十有二。

[译文]

炎帝的妻子，即赤水氏的女儿听訞生下炎居，炎居生了节并，节并生了戏器，戏器生了祝融。祝融降临到江水居住，便生了共工。共工生了术器。术器的头是平顶方形，他恢复了祖父祝融的土地，从而又住在江水。共工生了后土，后土生了噎鸣，噎鸣生了一年中的十二个月。

洪水滔天。鲧窃帝之息壤以堙洪水，不待帝命。帝令祝融杀鲧于羽郊。鲧复生禹。帝乃命禹卒布土，以定九州。

[译文]

洪荒时代到处是漫天大水。鲧偷偷拿天帝的息壤用来堵塞洪水，而没有等待天帝下令。天帝派遣祝融把鲧杀死在羽山的郊野。禹从鲧的遗体肚腹中生出。天帝就命令禹再施行土工制住了洪水，从而能划定九州区域。

附录：《山海经》神人异兽图

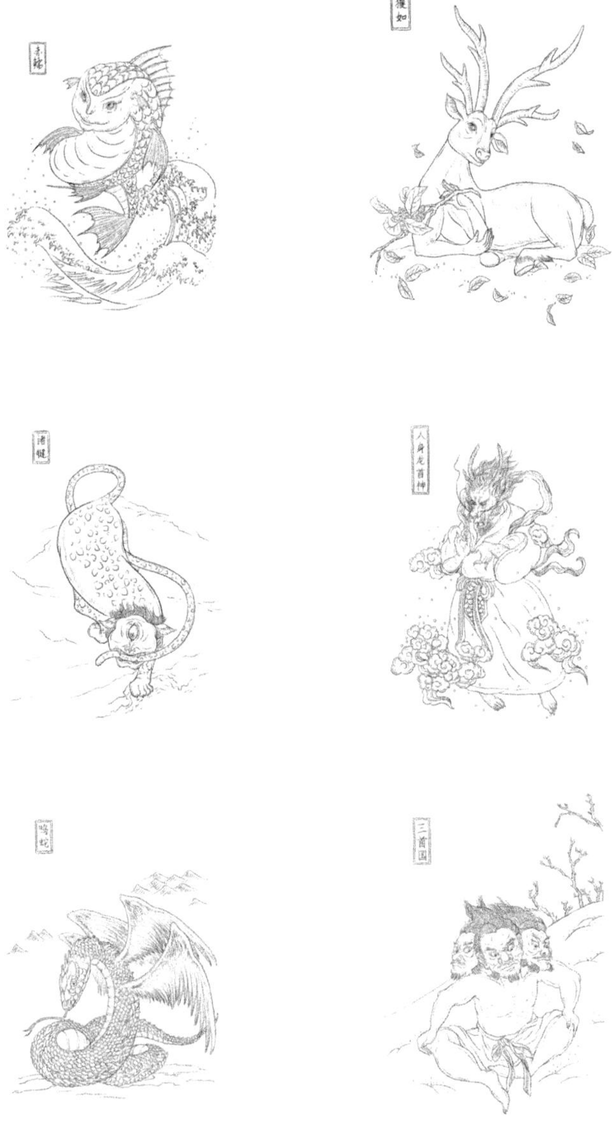

刑天
聂耳国
雨师妾
开明兽
袜

雷神
夔
跊踢
五色鸟
彊良
韩流

www.ingramcontent.com/pod-product-compliance
Ingram Content Group UK Ltd.
Pitfield, Milton Keynes, MK11 3LW, UK
UKHW062306290726
14090UKWH00018B/907

9 787516 923481